JN154507

子どもの育ちとケアを考える

■ 杉浦 康夫　監修
■ 名古屋学芸大学
　ヒューマンケア学部　編

学文社

刊行にあたって

　本書は全体として16の章構成からなり、本学部の教員が自由に講義するような形で語り綴っている。とりわけPART Ⅰの「子どもの育ちと保育」では、それぞれの教員が保育に対する思いを一番伝えたい多様な方法で、ある教員は本の言葉を引用し、また、子どもの心と身体に響き合う体験を通して、成長する子どもの母親の目線での保育についてさまざまに書いている。絵があったり、音楽があったり、遊びがあったり、まさに保育そのものの多彩さとその様子が浮き彫りになっている。

　PART Ⅱの「子どもの体・こころ・健康」では保健・医療・心理の側面から、学校における養護教諭としての職務、思春期の健康教育、「注意の働き」から見た心の発達、日常にみる発達障害、子どもの安全に関わる面接技法などが児童を通して学校を中心に語られている。この領域は学校保健あるいは児童の健康ということを中心にしており、学校制度としてかなり整備されつつある。またいくつかの点では制度としてすでに決まっていることもある。これはこの分野の多くが小、中の学校教育制度の中に組み込まれ、動いていることによる。

　名古屋学芸大学は2002年に創設され、2005年にヒューマンケア学部を設立した新しい分野を含む大学である。2008年には、井形昭弘前学長を中心に『ヒューマンケアを考える―さまざまな領域からみる子ども学―』井形昭弘編著（ミネルヴァ書房）として、当時のヒューマンケア学部の創設メンバーを中心に本を出版している。今それを繰ってみると医学・保育・教育という分野の著名な人たちが執筆し、対談をしている。さまざまな領域といいながらもどうしても当時の筆者の研究領域に限られる傾向が強く、今回、私たちが出版をするものとはかなり趣を異にしている。

　最近の近森らの調査では「子ども・ケア」で文献を引くと2000年を境に論文の数と分野が広がり、医学・教育・保育・心理分野で増加し、2008年に本学関係者で出版された冊子の内容もその時代を反映したものとなっている。さらに

2010 年からは研究の質が転換し、医学・保育・教育に加えて社会福祉、複合分野が急激に増加し、単独分野でなく分野横断の文献も倍増していることがわかる。本書が今の時代背景を反映し幅広い分野をカバーし、同時に本学ヒューマンケア学部の独自の特徴を出せているのか、悩むところである。ある意味今できるベストのものであるとは思う。是非一読の上ご批評たまわれば幸いである。

　なお、本書は、企画・立案、編集・出版に至るまで、釜賀雅史ヒューマンケア学部長の尽力によるものである。心より感謝する次第である。

2019 年 3 月吉日

名古屋学芸大学学長　杉浦 康夫

目　次

刊行にあたって　　i

PART I　子どもの育ちと保育

1. 保育者になっていく、ということ
   かけがえのない子どもたちと出会う喜びを成長の糧にする
   ……………………………………………………… 吉葉研司　2
2. 子どもも大人も笑顔になる保育 ……………………… 渡辺　桜　15
3. 乳幼児と音 …………………………………………… 藤井正子　25
   　　　　　Column　子どもの身近にあるピアノ ……… 鷹羽綾子　39
4. 子どもと芸術の関わり　絵画表現を支える描画材 …… 水谷誠孝　46
5. 響き合う身体を探る　子どもとともに在るために …… 林　麗子　57
6. 小学校の入学を楽しく迎えるために
   子どもと保護者の気持ちに寄り添って考える ………… 想厨子伸子　73
7. 一人の人間が「母親」になっていくための「ケア」について
   ………………………………………………………… 西村美佳　85

PART II　子どもの体・こころ・健康

8. 保健と医療で支える健やかな子どもの成長 ………… 都築一夫　98
9. 養護教諭の職務について …………………………… 森　英子　111
10. 健康格差の縮小につながる思春期の健康教育 ……… 近森けいこ　123
11. 子どもの心を「注意の働き」から理解する ………… 今井正司　134

⑫ 発達障がいの子どもとことばの遅れ ……………… 大島光代　149
⑬ 子どもの安全を守る
　　司法面接のエッセンスを活かして子どもの話を聴く
　　　………………………………………………………… 赤嶺亜紀　161

　　　　Column　心理学を学ぶことの意味 ……………… 赤嶺亜紀　174

PART Ⅲ　現代の子どもと課題

⑭ いじめの根絶をめざして
　　学校・教員はどう対応すべきか ………………… 安井克彦・細溝典彦　182
⑮ 子どもの暮らしはどう変わったか？……………………… 釜賀雅史　196
⑯ 現在の子どもに欠落しているもの
　　社会力をどう育むか　門脇厚司氏に聞く ……………………………… 208

　　索　引 …………………………………………………………………… 225

PART I
子どもの育ちと保育

1

保育者になっていく、ということ
かけがえのない子どもたちと出会う喜びを成長の糧にする

吉葉 研司

「なぜ保育の道に進むことを考えるようになったのだろうか？」と、ときどき考えることがあります。入試のとき、同じ質問に応えようとする受験生が、「幼稚園（保育園）が楽しかったから」などというと「本当に？」と思ってしまうほど、私はその経験をもっていないのです。むしろ、4歳の頃、隣の乳児保育園に勤めている母親を求めて午前中ずっと泣いていたこと、1週間のうちほとんどを保育園の物置ですごしたその暗闇の中で、「もうしません」と泣き続けていたことなど、保育園生活は私にとっては必ずしもいいものではありませんでした。ただ、このことには理由がある、と思っています。私は、先生にとって、「良い子」ではなかったのです。保育者にとって、私は、「扱いづらい子ども」だったにちがいない、先生はそういう子どもに毅然として臨んでいたはずです。

私を「良い子」にするために……。

今なら先生の思いを理解することができます。しかし、当時の私はそのことが理解できるほど賢くはありませんでした。かといって、先生に反抗したいわけではありません。むしろ先生が、保育園や先生が好きでした。ただ、なぜ叱られなきゃいけないのか、その意味がわからないまま怒られるだけでした。私にはそれが辛く、それが怖かったのです。このため、保育園にいる間、私の情緒はいつも不安定でした。今振り返ると、この不安定にする環境がまた、私の中の「悪い子」要素を増幅させたと思います。そのような悪循環の中で、私はひとりぼっちでした。取り残されそうな恐怖の中で……誰かに認められたかった、そう言葉にすることができるように思います。今ならば。そのことを、言

葉、にするために、もしかしたら私は、保育の道を目指したのかもしれません。

ただ、それには条件があります。もう一つの大事な思い出です。こんな私でも、保育園の用務員だった櫻田さんと年長の担任だった渡辺先生だけは私のことを認めてくれたのです。櫻田さんは用務の仕事の合間を見つけては私に声をかけてくれ、時間があるときに一緒に遊んでくれました。渡辺先生は私のことを受けとめ、時には「ケンちゃんのおかげでたすかったわ！」と声をかけてくれました。渡辺先生が担任になってからは、4歳の頃と変わらなかったはずなのに、物置に入ることがなくなりました。二人に出会った後、私が問題を起こすのは二人が保育園を休むときに限られるようになりました。その意味で、他の先生の前では、「問題児」であることに変わりはありませんでした。

さて、ここで「櫻田さん」や「渡辺先生」と「他の先生」と書き分けたのは私にとっては大事な意味がこめられています。私は、他の先生の顔を覚えていないのです。覚えているのは「物置に入れられた」こと「怒られた」ことだけで、そうやって私に関わった「人」の「顔」の記憶がないのです。なぜ私の記憶から先生の記憶が消されているのか。おそらく、逆も言えるのかもしれません、私を怒った先生には「吉葉研司」は見えてはいなかったのではないでしょうか。彼女たちに見えるのはヨシバケンジというコードネームのついた「厳しく教育しなければならない問題児」だったのではないでしょうか。

このような話をゼミ生としていたとき、幼児期に「良い子」だった学生から別の話がでてきました。「『良い子』は先生の視界にはいりません。私は、やんちゃな子がうらやましかった。卒園しても覚えているのはやんちゃした子ばかり……」と、そのことに気づいて「良い子」をやめたという学生もでてきました。どうも、「良い・悪い」を超えたところに考えるべきことがありそうなのです。

この点から、保育者になるということ、正確にいえば、私たちが「保育者として成長していく（なっていく）」ときに、子どもと関わる中で大切にしなければならないこと、を考えてみたいのです。

1　保育者になっていく、ということ　　3

「ケア」という言葉の意味を考える

　私は、保育園や幼稚園、認定こども園は、すべての子どもが（どんな子どもであっても）「今日一日楽しかった！」と「今」を振り返り、「明日また遊ぼうね！」と未来に希望や夢がもてる場に、つまり、どんな子どもでも幸せを実感できる場になる必要がある、と考えています。このためには「ケア」という専門性が必要です。ここではそのことを皆さんと確認したいのですが、まず、「ケア」という言葉の意味について考えてみます。

　一般的に「ケア」は「お世話をする」という意味で理解されています。子どもや高齢者、あるいは「障がい」をもった人の「お世話」に携わる。このことが看護や保育、福祉の仕事と関連することは理解できるでしょう。しかし「ケア」には「配慮する」や「関心をもつ」という意味もあります。むしろこの二つ、ケアの対象となる人々に彼らが生きている視点から「関心をもち」、対象となる人のことを「配慮」しながら関わることをいいます。これには高度な専門性が必要で、単なる「お世話」ではないので。

　赤ちゃんにミルクを与える場面をイメージしてみましょう。お母さんであれ保育者であれ、機械的にただミルクを与えることはありません。その子の様子を見たり、揺すったり、笑顔でよびかけたり、「ヨシヨシヨシ」などと言葉をかけたりして赤ちゃんに応答しています。「あやし」と呼ばれるこれらの行為は、子どもが安心してミルクが飲めるように赤ちゃんの様子に「関心」をもちながらそのことに基づき子どもの要求に「配慮された」応答行動となっています。

　つまり、対象となるかけがえのないただ一人の人、その人の生きてきた人生に「関心」をもち、生きてきた営みに「配慮」しながら、その人と関わっているのです。言葉を換えれば、人が生きるということを権利と捉え、その権利（人権）を尊重することがきわめて高度な専門能力であり、人の生を育む（支援する）能力として重要視されている、ということなのです。

「きみは、本当は、いい子なんだよ」トットちゃんを支えた先生の言葉

　皆さんは、黒柳徹子さんを知ってますか。「徹子の部屋」という長寿番組の司

会者であり、女優さんでもあります。彼女の学童期の自伝的小説として描かれたものが『窓ぎわのトットちゃん』です。この本には子ども期の黒柳さんの姿が生き生きと描かれていますが、その頃の彼女は、小学校を退学させられるほど「問題」児でした。

どんな「問題」児だったのかを、『窓ぎわのトットちゃん』から見てみることにしましょう。以下は退学理由をお母さんに説明する先生の言葉です。

> まず、授業中に、机のふたを百ぺんくらい、開けたり閉めたりするんです。そこで私（先生）が「用事がないのに、開けたり閉めたりしてはいけません」と申しますと、お宅のお嬢さんは、ノートから、筆箱、教科書、全部を机のなかにしまって、ひとつひとつ取り出すんです。たとえば、書き取りをするとしますね。するとお嬢さんは、まずフタを開けて、ノートを取り出した、と思うが早いか、パタン！とフタを閉めてしまいます。そしてすぐまた開けて頭を中につっこんで筆箱から〝ア〟を書くための鉛筆を出すと、いそいで閉めて、〝ア〟を書きます。ところが、うまく書けなかったり、まちがえたりしますね。そうするとフタを開けて、また頭をつっこんで、消しゴムを出し、閉めると、いそいで消しゴムを使い、次に、すごい早さで開けて消しゴムを閉まって、フタを閉めてしまいます。で、すぐ、また開けるので見てますと、〝ア〟ひとつだけ書いて、道具をひとつひとつ全部しまうんです。鉛筆をしまい、閉めて、また開けてノートをしまい……そのたびに私の目の前で、めまぐるしく、机のフタが開いたり閉めたり、私目がまわるんです。でも一応、用事があるんで、「いけない。」と申せませんけど。
> (pp.13-14)

皆さんにはトットちゃんという子どもがどのように見えたでしょうか。いわゆる「人に平気で迷惑をかけてしまう子ども」、と見えたかもしれませんね。トットちゃんの「迷惑」行為はこれにとどまりませんでした。これらの結果、小学校にいられなくなってしまいます。さて、「迷惑をかける子」というトットちゃん像からは、トットちゃんは学校嫌いのようにみえるかもしれません。では、この場面をトットちゃんの側から考えてみましょう。お母さんは先生の話を聞きながら、あることを思い出したのです。

> 　初めて学校に行って帰ってきた日、トットちゃんがひどく興奮して、こうママに報告したことを思い出したからだった。「ねぇ、学校って、すごいの。家の机の引き出しは、こんなふうに、ひっぱるのだけど、学校のはフタが上に上がるの。ゴミ箱のフタと同じなんだけど、もっとツルツルで、いろんなものが、しまえて、とってもいいんだ！」
> 　ママには、今まで見たことのない机の前で、トットちゃんがおもしろがって、開けたり閉めたりしているようすが目に見えるようだった。　　　　　　(p.14)

　トットちゃんのドキドキが伝わるでしょうか。トットちゃんは学校が大好きなのです。初めて生活する学校にある、人や物、出来事に出会い、見るもの一つひとつが新鮮な発見に満ちあふれ、楽しくてたまらないのです。ただ一つだけ、トットちゃんは、そこでは授業が行われていること、このことがどのような意味をもっているか、授業中はどうしなければいけないのかには、まだ気づいていないのです。この結果、彼女の驚きを楽しむ行動が、授業の妨害になってしまうのです。この先生にとって、この学校にとって、「問題児」はいるが、「学校に驚き何かを発見しようと、いろいろな出来事に心を研ぎ澄ませているトットちゃん」は存在しないのです。

　その後、トットちゃんは小学校を退学し、トモエ学園にという私立の小学校に再入学しました。そこで出会ったのが小林宗作（そうさく）校長先生でした。この、小林先生との出会いが彼女の運命を変えていきます。小林先生は、トットちゃんに、「トットちゃん、君は、ほんとうは、いい子なんだよ」と伝え続けるのです。いい子なんだよ、といわれてもトットちゃんが変わったわけではありませんでした。

> 　校長先生は、事件を起こした、どの生徒の話も聞いてくれた。そのうえ、いいわけだって、聞いてくれた。そしてほんとうに、「その子のしたことが悪い」とき、そして、「その子が自分が悪い」と納得したとき、
> 　「あやまりなさい。」

> といった。でも、おそらく、トットちゃんに関しては、苦情や心配の声が、生徒の父兄やほかの先生から、校長先生の耳にとどいているにちがいなかった。だから、校長先生は、トットちゃんに、機会あるごとに、「君は、ほんとうはいい子なんだよ」、といった。
> (pp.245-246)

　当時のトットちゃんにはこの「ほんとうは」の意味がわかりませんでした。大人になった黒柳さんは小林先生の言葉の意味をこう読み取っています。

> 　いい子じゃないと、君は、人に思われているところが、いろいろあるけど、君のほんとうの性格は悪くなくて、いいところがあって、校長先生には、それが、よくわかっているんだよ。
> (p.246)

　あなたには、トットちゃんには、いっぱいいいところがある。人には理解されないかもしれないけど、先生は、私、小林宗作は、そのことがわかる、わかろうとしているんだよ……。そういうメッセージだったのではなかったかと。
　黒柳さんは続けます。

> 　残念だけど、トットちゃんが、このほんとうの意味がわかったのは、何十年もたってからのことだった。でも、ほんとうの意味は、わからなくても、トットちゃんの心の中に「わたしはいい子なんだ。」という自信をつけてくれたのは、事実だった。だって、いつもなにかをやるとき、この先生の言葉を思い出していたんだから。……（中略）
> 　そしてトットちゃんの一生を決定したのかもしれないくらいの、大切なこの言葉をトットちゃんが、トモエにいる間じゅう、いい続けてくれたのだった。
> (p.246)

　「トットちゃん、きみは、ほんとうは、いい子なんだよ」、これは、黒柳徹子という人間の生き方に大きな影響を与える言葉でした。そこには、「トットちゃん」という世界で一つしかない「生」に関心を持ち、その「生の営み」を認め、受け止めて大切にし、支えてくれる、「小林宗作先生」という人がいたのです。

『窓際のトットちゃん』には退学した際の学校の先生には名前はありません。トットちゃんにとってはその先生は「のっぺらぼう」にしか見えなかったのでしょう。でも、「小林先生」は違います。トットちゃんにとって小林先生は世界で一人しかいないのです。そういう「小林先生」との出会いが、他の誰でもない「大切な誰か」が「わたし」に関心を持ち大切してくれたという出会いが、子どもの生き方に大きな影響を与えるのではないでしょうか。専門用語では基本的信頼関係の確立、というのですが、そのような瞬間瞬間を保育者は子どもと一緒になって創りだしているのではないでしょうか。このような人との出会いが、現代の子どもたちの育ちを支えるうえで必要になっているのではないかと思っています。

「神田さんは悪い子じゃないよ」－新人教師を変えた「あの子」との出会い－

> 夕暮れの近づく校庭では、こどもたちが遊んでいた。野球をしている子もサッカーをしている子たちもいる。鉄棒に群がっているのは女の子が多い。ジャングルジムで鬼ごっこをする子たちもいる。
> 無邪気だなあとそのときは思っていた。まだ春浅い、夕暮れ、寒いのに、元気だなあと思っていた。あのとき見下ろしていたこどもたちの中に、まちがいなく、あの子もいたはずだった。
> でも、ぼくには見えなかった。
> そもそも、あのとき、ぼくにはこどもがひとりひとりばらばらなんだということさえ、わかっていなかった。
> 校長が窓べでつぶやいた
> 「よせあつめの町、よせあつめの家、よせあつめのこども、よせあつめの」
> さすがに先生と続けるのはははばかられたらしく、ぼくを振り返って、にっこりと笑った。
> (p.9)

『きみはいい子』という、中脇初枝さんの小説があります。わが子に虐待をしてしまう母親、認知症のおばあちゃん、自閉症の男の子……。さまざまな「問題」を抱えて生きている人々を描いた短編小説集です。この中に「サンタクロースが来ない家」が収められています。主人公の岡野匡は大学を出て間もな

い若手教師。「よせあつめのこども」と「よせあつめの先生」がいる学校で教鞭を執っています。当初、彼には子どもや先生の「顔」がみえません。岡野は初めてもたされた一年生のクラスを"学級崩壊"させてしまいます。その後も、安心してもつことができる「問題のないクラス」として任せられた四年生のクラスでさえ落ち着きがなくなっていきます。すべり止めで教育学部に入り、目的意識もないまま教員採用試験に合格した彼は、自分は"ダメな教師"だと思い始めます。「厳しい教師」、「優しい教師」何を演じても空回りします。そうして、子ども時代に抱いていた「ダメな（やる気のない）教師」が自分がなっていっていることに気づきはじめます。

　そして、教師であることへの恐れと諦めを感じたときに、彼の目に、「神田さん」が飛び込んできます。「カンダ、おまえ食べすぎだよ、給食費払ってないくせに」、という、他の生徒の言葉から、「神田さん」という子どもの存在に、気づきはじめたのです。「神田さん」は休みである土曜日にも学校に来ます。ひとりぼっちで。雨の日曜日にも。なぜだろうか、なぜ「神田さん」は休みなのに学校に来るのだろうか。雨の日に「神田さん」を家に送った岡野は、その謎を解く音を聞くのです。

> どすん。低い音がした。
> どすんどすん。また低い音が続けて二回。
> なぐられた、と思った。　　　　　　　　　　　　　　　　　　　　　(p.51)

　「神田さん」は親に暴力をふるわれているのではないか、彼はそう感じたのですが、確かめることはできませんでした。翌日、保健室で、校長、教頭、養護教諭の立ち会いのもと、「神田さん」の身体検査をしました。服を脱がさず行った検査では、何も見つけることができませんでした。保健室から帰ると、やっと学校に来てくれた不登校気味の「清水さん」が涙を流していました。学校にいられない、というのです。せっかく学校に来てくれた「清水さん」がクラスでバカにされたのです。岡野は子どもたちを怒りました。子どもたちはそれを

「黙って」聞いていました。
　「黙って」、それは次のような意味をもっていました。

> 　子どもたちはうつむいて、ぼくが叱りおわるのを、ただ、待っている。頭を下げて、やり過ごしている。頭を下げて、やりすごしている。それぞれが、別々なことを考えている。
> 　ぼくひとりが、しゃべっている。
> 　とうとう、声がかれた。　　　　　　　　　　　　　　　　　　　　　(p.56)

　静かにしている、でも、やり過ごしているだけなのです。叱る側の思いが、伝わらないのです。半分やけになり、なのですか、ふとあることを思いついた岡野は、子どもたちに、変わった宿題を出します。"家族に抱きしめられること"です。ブーイングでしたが、翌日の子どもたちの反応はこのようでした。

> 「したよ！宿題しました。」
> 「ほんとに？」
> 大熊さんの顔が真っ赤になった。
> 「大熊さん、顔が赤ーい。」
> 「ママに抱っこしてもらったの。」
> まわりの男の子が口々にいう
> 大熊さんににらまれて、こどもたちはそっぽをむいた。その顔も赤い。
> ぼくは、大熊さんの母親の顔を思い出した。長い金髪をひっつめて、いつもせかせかと急いでいる。余分な肉の全くない、とがった横顔、大熊さんの他にこどもが三人いて、父親はいない。宿題だからしかたなく、抱きしめてくれたんだろうけど、抱きしめ、抱きしめられたとたんになにかがかわったはず。仕方なく、抱きしめられているわけではないことに、気づいたはず。　　　　(pp.62-63)

　この後、子どもに変化が見られたわけではありません。ただ、この場面では確かに岡野と子どもたちは「やりとり」をしています。一人ひとりが自分の心情を表現し、そのことの大事さ一つひとつを岡野が受け止めながら、岡野は子どもたちのその思いに応えようとしているのです。その中で岡野は、岡野先生だけは変わっていきました。いや変わろうとしていた、という言葉が正しいの

かもしれません。「子ども」一人ひとりの「思い」との出会いが、「一人ひとりの子どもを知ろう」とする意思を、彼の中に芽生えさせたのです。

> 　にくたらしい大熊さんにも、抱きしめてくれる家族がいる。ひそひそ話をはじめた女の子たちにも、ひとりひとりに、かけがえのない娘と思って抱きしめてくれる家族がいる。そう思えば、こどもたちがかわいく思えた。
> 　こんな気持ちでこどもたちにむきあったのは、はじめてだった。今までぼくの足りなかったところに、やっとぼくは気づいた。もちろん、大熊さんのいたずらや女子のおしゃべりがなくなったわけじゃない。ぼくの力不足はかわらない。
> 　ただ、ぼくは、はじめて気づいた。
> 　こどもはひとりひとり違う。ひとりひとり違う家に育ち、違う家族に見守られている。そして、学校にやってきて、同じ教室で一緒に学ぶ。
> 　一枚のTシャツだって、一本の鉛筆だって、この子のためにだれかが用意してくれた。そのひとたちの思いが、この子ひとりひとりにつまっている。
> 　そのだれかは、昨日はこの子たちにごはんを食べさせ、風呂に入れ、ふとんで寝かせ、今朝は朝ご飯を食べさせ、髪をくくったりなでつけたりして、ランドセルをしょわせ、学校に送り出してくれたのだ。
> 　そんなあたりまえのことに、やっと気づいた。
> 　ぼくは、この思いにこたえられるのだろうか。
> 　目の前の三十八人のこどもたちが輝いて見えた。だれかの愛情につつまれた、かけがえのないこどもたち。
> 　　　　　　　　　　　　　　　　　　　　　　　　　　　　　　（pp.63-64）

　岡野先生は、子どもたちの授業に非協力的な「問題行為」が、気にならなくなりました。そのかわりに気づいたこと、彼の心の中に浮かび上がってきたこと、それが、クラス三十八人の子どもたち一人ひとりのかけがえのなさです。だれかに大切されながら子どもなりに一生懸命生きてきた、大切な、異なる歴史をもった子ども、その一人ひとりが彼の目の前に立ち現れ始めたのです。一人ひとりの生きる姿が見えてくると、岡野先生には子どもの「問題行動」は見えてはきません。見えるのは一人の人間として一生懸命生きようとすることのへの「もがき」です。問題行動を無視しているのではありません。問題行動の意味に気づき、そこから一人ひとりが一生懸命生きていることに気づき、その唯一無比のかけがえのない生の営みに気づいたため、「問題」として気にならな

くなった、「問題」ではなく「愛おしい」ものになったのです。この時、岡野先生は教(共)師になりました。子どもとともに生き、子どもとともに自らの生を育てようとする共育者になったのです。

誰ひとりとして同じ子どもはいない　その一人ひとりを見ることができるか

　「ダメな子はいない」といった保育者がいます。保育者の前に存在するのは短いなりにもさまざまな人生を抱えてきた歴史をもつ子ども一人ひとりです。私たちにはそれが、そのことのかけがえのなさが見えているでしょうか。そのことに愛おしさを感じ取ることができるでしょうか。そう、私が、当時の担任に感じた寂しさは、「先生は、僕に、短いなりにも歴史をもった吉葉研司に、興味をもっていない」、ということでした。いろいろあるけれども僕も一生懸命生きていることだけは、興味をもってほしかった、存在だけは否定してほしくなかったのです。誰かに認められたい、という気持ちはそういうものなのだろう、と、今なら言葉にすることができます。そしてこのことは、「問題児」だけでなく、「良い子」にもいえることなのです。

　保育園、幼稚園、認定こども園の、子どもの一人ひとりの生きる形に必要な「配慮(支援)」を考えていくこと、これが「ケア」の専門性です。そして、「ケア」は、かけがえのない人生をもった「子ども」たちとの出会いをつくること、一人ひとりの生きる営みに「関心をもつ(もとうとする)」ことから始まるのです。むずかしいことではありません、クラスの子どもたち一人ひとりに関心をもち、彼らとの出会いを大切にしようと心がけることです。「いい子」「悪い子」「できる子」「できない子」、私たちは子どもにさまざまなレッテルを貼り、それで子どもを理解したように思ってしまいがちです。しかし、それは、子どもを選別することであり、子どもを理解することとは異なります。子どもは一人ひとり違う、その違いのすべては理解できないかもしれない。それでも理解したいと思うこと、理解したいと関わりを続けること、このことを大切にする気持ちは必ず子どもに伝わります。子どもと同じように保育者も子どもや親と出会うことで成長する。その出会いの一期一会を大切にできるようになることが、

保育者に、何よりも求められています。

　はじめて保育所や幼稚園に実習に行く学生に、「一日も早く担当クラスの子どもの名前を覚えるように」と繰り返し伝えています。そこには「実習園にいるどの子も違うのだよ」「その一人ひとりがかけがえのないものをもっていることを実感してくるのだよ」というメッセージを込めています。名前の背景にある子どもたち一人ひとりの生きる営み、このことを知ろうとすることから保育者になっていくことがはじまるのではないでしょうか。そしてこれが、「ケア」という大事な専門性を身につけるはじめの一歩でもあるのです。

　このように書いてみると、私は、やっぱり保育園から広がる生活に育てられていました。それは保育園という子どもが幸せになれる場を通して、保育者だけでなく、いろいろな人が私に出会い生きる力を与えてくれたからだと思います。そのことの意味を確かめるために、これからも保育研究を続けていきたいと思います。

　40年前、川崎のボロボロの公立保育園で男の子が育てられました。お父さんはいつも夜遅く、お母さんは仕事と子育ての両立でイライラしていました。彼はひとりっ子でしたがさみしくはありませんでした。なぜなら保育園にはいっぱいの「姉弟」がいて、お父さんやお母さんの代わりをしてくれる「誰かのお父さん」、「誰かのお母さん」がいて、保育園帰りに我が子のようにいっぱい遊んでくれたからです。お母さんと買い物に行くと、八百屋のおじちゃん魚屋のおばちゃんが子守りをしてくれました。お店でのやりとりを見たり、ちょっとだけお店を手伝ったりしながら、大人ってすてきだなって思っていました。彼の暮らしには人や物と豊かに関わることができる場がいっぱいあったのです。

　40年前の男の子は、大きくなって、保育園や幼稚園の先生になる人を育てる仕事に就きました。"あの子ども時代の出会いがあったからこそ、今の自分はある"。あの頃子どもだった私は、幼児期に出会ったお父さんやお母さん、地域のおばちゃんやおじちゃん、泥だらけになって遊んだ仲間たち、といった私を大切に育ててくれたたくさんの「親・姉弟たち」を今でも思い出し、感謝をして

いるのです。

引用参考文献
　ここでは次の小説を参考、引用しました。小説ですが、保育士になる人、先生になる人にはぜひとも読んで欲しい本です。本屋さんで手にとってみてくださいね。
・黒柳徹子（1991）『窓ぎわのトットちゃん』講談社青い鳥文庫
・中脇初枝（2012）『きみはいい子』ポプラ社

2

子どもも大人も笑顔になる保育

渡辺　桜

はじめに

　保育者の仕事は、子どもたちの幸せを第一に考えることです。子どもの幸せとは、何でしょう。「幸せ」というととても抽象的で漠然としていますが、少なくとも、心身ともに健康で、「～がしたい！」「先生やクラスのみんなと居ると楽しい」と子どもたちが自ら思うことではないでしょうか。そして、その「楽しい」という感情の表現の一つとして「笑顔」があると考えます。

　「子どものために！」「～～しなくちゃ！」と必死になりすぎると大人の心にゆとりがなくなり、「笑顔」があまり見られなくなるかもしれません。子どもも大人も笑顔になることで、その場があたたかい雰囲気に包まれることは、保育にとってとても重要なポイントです。子育て支援の場に来たお母さんが、ガチガチに緊張し、笑顔が消えてしまうと一緒に来ている子どもも固まってしまい、遊びださないという場面を見ることがあります。大人と子どもの相互の関係性が影響しあうということがよくわかりますね。

　それでは、子どもも大人も笑顔になるための保育のヒケツについて、ほんの少しではありますが、ここで具体的に紹介します。

1. 保育が大切にしていること

1）環境を通して子どもの主体性を尊重するということ

　保育者が保育園や幼稚園、認定こども園等で保育をする際の教科書として、

国が示す保育所保育指針（厚生労働省）と幼稚園教育要領（文部科学省）があります。そのどちらにも共通して明記されていることが「環境を通して子どもの主体性を尊重する」ということです。「環境」というと、自然環境や教材・教具等の物のイメージが先行するかもしれませんが、保育所保育指針解説には、保育の環境は「人・物・場が相互に関連し合って作り出されていくもの」と書かれています。このことについて、遊びの場面で考えてみましょう。

事例1　美味しいスパゲッティーを作ろう！（5歳児）

　5歳児がままごとコーナーでおうちごっこをしています。今日のごはんはスパゲッティーを作って食べたいと思ったお母さん役のA子ちゃんが製作コーナーに行きました。製作コーナーには、白い紙、おはながみ、空き箱、プリンカップ、はさみ、のり、クレヨン、色鉛筆等がありました。A子ちゃんは、白い紙を色鉛筆で黄色く塗り、麺のように細く切っていきました。そして、空き箱をお皿のように切り、麺をそのお皿の上に盛りました。具は、赤いおはながみをくるくる丸めて「ウインナー！」、緑色のおはながみをちぎってぎゅっぎゅっと棒状にして「ピーマン！」と作り、麺の上に盛り合わせていきました。

　完成したスパゲッティーをままごとコーナーに持っていき、お父さん役のBくんと子ども役のCちゃんに「スパゲッティーできたわよ〜」と差出し、3人で食べるフリをしていました。

事例1でいう「環境」とは、以下のようになります。

＊人…ままごとコーナーでおうちごっこをする子ども、製作コーナーでスパゲッティーを作るAちゃん、Aちゃんたちのようすを見ている周囲の子どもたちや保育者
＊物…紙や箱、はさみといった教材・教具、それを使って作業ができる机やじっくり座ることのできる椅子、Aちゃんが作ったスパゲッティー等
＊場…ままごとコーナーや製作コーナーといった拠点。拠点性が明確になるための敷物や机、棚により構成されている。キッチン台や流し台、食卓等によりおうちの雰囲気を醸し出しているままごとコーナー等。

　遊びに必要な「物」を子どもが工夫して作り、それを使って、「人」つまり子ども同士や子どもと保育者がイメージを共有しながら同じ「場」で遊ぶ、もしくはその「場」を離れたところから見て何かを感じ取るということです。事例1でいえば、ままごとコーナーという「場」で手作りスパゲッティーを楽しそうに家族役の子ども達が食べる姿を、製作コーナーで遊ぶ子や保育者が見ている状況も含めてこの保育の環境は「人・物・場が相互に関連し合って作り出されている」といえます。
　子どもが主体的に環境とかかわりながら遊びを豊かにするためには、「どこで何ができるのか」という「場」と、そこにかかわりたくなる「物」があり、「その物をどう扱うとよいのか」がわかる「人」がいることが重要なのです。

2）養護と教育の一体性
　養護とは、情緒の安定と生命の保持、つまり、心が穏やかに健やかに過ごせるということと安全保障です。この養護と教育の両者とも、0歳から6歳までの子どもの成長と発達を見据えて保障するのが保育です。0歳の赤ちゃんに教育？！　と思われるかもしれませんが、0歳の赤ちゃんでも、自分で遊びたいおもちゃを目で追ったり、自分で選び、筒の中に落として音を楽しんだりする

等といった遊びを集中して行う力があります。その姿を事例2で見ていきましょう。

事例2　10か月の赤ちゃんの遊び

　おおよそ7か月くらいで赤ちゃんは手のひらで物を握り、一人で座れるようになります。そこで、まずは絨毯などを敷いて、遊ぶ場所を確保します。そして、赤ちゃんの指先の微細運動を刺激するおもちゃと、そのおもちゃを落とす入れ物を用意すれば、赤ちゃんは座って、おもちゃを握る→入れ物を入れるを繰り返し楽しみます。ペットボトルキャップを3つほどカラービニールテープで巻いたおもちゃ。そのおもちゃをミルク缶に落とせば、カランカランと音が鳴るぽっとん落としという遊びになるのです。ミルク缶をキルティング等で装飾するとかわいらしいおもちゃの完成です。保育者もそのおもちゃを手に取り、嬉しそうに「いれるよ～ポトン！」と言いながらぽっとん落としをしていると、その隣で、10か月の赤ちゃんも同じように繰り返しぽっとん落としを楽しむ姿がありました。

　ペットボトルキャップをなぜ3つつなげていると思いますか。それは、赤ちゃんでも握りやすい大きさや形という発達をおさえているだけでなく、誤飲を防ぐという安全保障にもつながっています。またカラービニールテープで巻くことで、色鮮やかになり赤ちゃんの「触ってみたい」という意欲を刺激するだけでなく、拭くことができるので、何でも口にする赤ちゃんの衛生管理にも

なっています。赤ちゃんの発達と安全、衛生を考えた「物」を保育者が準備し、保育者自身が楽しそうに遊んでみせるという「人」のモデルがある、その行為が落ち着いてできる「場」として絨毯が敷いてあるといった教育的な配慮が環境に見られる事例です。

このように子どもが自ら環境にかかわろうとする意欲が高まることの大前提として、養護の部分である安全が保障され、気持ちが安定していることが重要です。子どもの気持ちの安定は、集団で子どもが生活する園においてどのように保障されると思いますか。それは、本章のタイトルにもある「笑顔」につながる「ノリ」の概念が鍵となります。

2. 人を笑顔にする「ノリ」

1)「ノリ」ってナニ？

みなさんは、「ノリ」という言葉を耳にしたり、会話の中で使ったりしたことがありますか。「あの子とはノリが合う」とか「あのノリにはついていけない」等、なんとなく言葉の意味はわかるのではないでしょうか。保育研究では、この「ノリ」という概念を使って、子どもも大人もその場にいることが安心でき、楽しくなるためのヒントを岩田遵子(2008)が提案しています。岩田の言う「ノリ」を保育場面で考えてみましょう。保育者が実践する手遊びやわらべうたが子どもたちの「ノリ」と合っていると、そのクラスはとても一体感があり、笑顔にあふれ、楽しい雰囲気に包まれています。そういったクラスは、配慮を要する子どもが複数名いたとしても、クラスとしてのまとまり感が徐々に高まっていくのです。逆に、保育者の「ノリ」と子どもたちとの「ノリ」が合っていないと、楽しいはずの手遊びやわらべうたの時間であっても、クラスの仲間が集っているところからはずれて走り回ったり、保育室から出て行ってしまったりという姿が続きます。

なぜ「ノリ」が合う・合わないという状況が生まれるのでしょうか。次項で具体的に考えていきましょう。

2) 集団が生み出す「ノリ」

　これまで、集まりの場面などで集団の輪から外れて行ってしまったり、他事をしたりする子どもたちについて「落ち着きがないのは家庭での親子の関わりに問題がある」とか「落ち着きがない気質だから、なかなかみんなと一緒にできなくて仕方ない。だから障がい児加配の先生についてもらう」という話を耳にすることが少なくありません。しかし、必ずしもそうではないということが前項の「ノリ」を意識した実践からわかります。このことを岩田は、逸脱児が逸脱してしまうのは、その子どもがクラスの子どもたちの「ノリ」に身体的に同調できない、「ノリ」が共有できていないと指摘しています。

　「ノリ」が合うと子どもたちは「ここに居ると楽しい」「みんなと一緒に〇〇がしたい」と思うようになります。そうすると、「楽しいから少し我慢しよう」「いま、他の子たちは何をしているのだろう」と自ら自分の気持ちをコントロールしようとしたり、周囲を見て考えようとしたりする等の姿が見られるようになります。これは、大人に指示命令されて動くのではなく、子ども自身が主体的に考え、動く姿といえます。

　次項では、生活や遊びの中に隠れている「ノリ」についてみていきましょう。「ノリ」とリズムが刻める言葉を組み合わせると一層楽しくなります。絵本「大きなかぶ」にある、かぶを登場人物たちが一緒に抜く場面では、無言で、かぶを抜く真似をするよりも、「うんとこしょ！　どっこいしょ！」の言葉を皆で声を合わせながらかぶを抜く動作をともにした方がリズミカルでワクワクしますよね。「ノリ」の共有は、遊び場面に限らず、いろいろなところに隠れています。子どもたちとかかわる機会があったら、是非、試してみてください。子どもも大人も笑顔になりますよ。

3. 「ノリ」あらかると

1) 生活場面にある「ノリ」の共有

＊片付け＊

1歳児であっても、「よいしょ！　よいしょ！」と大きなものから一緒に片付けることで、「片付けをしますよ！」などと、何度も大人が言わなくとも、ささ〜っと片付いてしまう実践を筆者は保育現場でいくつも体験してきました。「ノリ」が合うことによって、片付けも楽しくできるのですね。

＊お引越し（移動）＊

保育室からホール（遊戯室）やトイレ等に移動する際、「はい！　静かにきれいに並んで行きますよ！」と堅苦しく行くばかりではなく、時には忍者、時にはのっそりくまさんに変身してお引越し（移動）をしてみると、そこにも楽しい「ノリ」や同調が生まれます。

2) 遊び場面にある「ノリ」の共有
＊手遊び＊

　3歳児が「とんとんとんとんひげじいさん」の手遊びをしています。「とんとんとんとん〜」という繰り返しと「ノリ」が合わせやすいリズムにより、保育者の真似をすることを楽しむ子や、子ども同士で「楽しいね」と顔を見合わせる子など全体の一体感が生まれます。

＊ままごと＊

　「料理を作る人」を自分も意識し、周囲の子どもからも認知される「シンボル」としてのコック帽やエプロンを身につけた子どもたち。フライパンやボールに入っているごちそうに見立てた毛糸のポンポンやチェーンリングを「まぜまぜ」しています。同じ「シンボル」による仲間意識と「ノリ」の共有がありますね。

＊製作＊

　大きな新聞紙を大きな動きで「びりびり～」と破ったり、「くるくるぎゅっぎゅ」と丸めたりすると、小さな紙を小さな動きで扱うよりも、「ノリ」が波及しやすいです。子どもや保育者が楽しそうに「びりびり～」「くるくるぎゅっぎゅ」と大きな素材を扱っていると、それをじっと見ている子、同じようにやってみようとする子が出現します。

　このような大きくリズミカルな動きは、人間同士の同調性を高め「ノリ」の共有を促進します。一緒に居て楽しいなあという感情も抱きやすいです。それが、「子どもも大人も笑顔になる保育」の基盤としてとても重要であり、遊びや生活の何気ない場面にそのチャンスはたくさんあるのです。

　気持ちが高揚したとき、友人とハイタッチをすることはありませんか。ハイタッチはお互いが「ノリ」を合わせようと意識し、お互いの目を見合い、呼吸を合わせ「ここだ！」というタイミングで思わず「イエーイ！」と声を発して

しまうこともありますよね。実は身近にある「子どもも大人も笑顔になる保育」のヒント。ちょっとアンテナを高くして、「ノリ」が共有できる場面を探してみましょう。

引用参考文献
・岩田遵子（2008）「県立新潟女子短期大学付属幼稚園　樋口嘉代教諭の実践に学ぶ　逸脱児が集団の音楽活動に参加するようになるための教師力とはなにか─ノリを読み取り、ノリを喚起する教師力」日本音楽教育学会編『音楽教育実践ジャーナル』Vol. 5 No. 2：12-18
・岩田遵子（2007）『現代社会における「子ども文化」成立の可能性─ノリを媒介とするコミュニケーションを通して』風間書房
・小川博久（2010）『遊び保育論』萌文書林
・厚生労働省（2018）「保育所保育指針解説」
・文部科学省（2018）「幼稚園教育要領解説」
・吉田龍宏・渡辺桜（2014）『遊び保育のための実践ワーク』萌文書林
・渡辺桜（2016）『子どもも保育者も楽しくなる保育』萌文書林
・渡辺桜編著（2018）『保育者論』みらい

乳幼児と音

藤井　正子

1. 「音が聞こえること」「音を聞くこと」

　この世に生を受けた瞬間から最期の時まで、私たちは多くの音の中で生活します。原始の時代には、「音を聞く」ことは、生き延びるために必要不可欠な能力であったに違いありません。そして、五感、つまり聴覚に加え、視覚、嗅覚、味覚、触覚のすべてを研ぎ澄ますことで、人は生きることの質を高め、文化を創造してきました。今、私たちは、「聞く」こと（聴覚）、「見る」こと（視覚）、「嗅ぐ」こと（嗅覚）、「味わう」こと（味覚）、「触れる」こと（触覚）を通して多くの喜びや楽しみを得ています。

　人としてスタートをきった乳幼児にとって、「音を聞くこと」「音が聞こえること」は、どのように関わってくるのでしょうか。

1) 音との出会い

　赤ちゃんは胎児期の5～6か月頃から、母親の胎内ですでに音を聞いています。妊娠5～6か月頃になると母親は胎動を感じますが、この頃からお腹の近くで大きな音を立てると胎児が反応して動くのを体験することができるのです。また出生後、乳児は、胎内で聞いていた母体の心拍音、血流音、母親の声を何か月間か覚えているということもわかっています。この記憶を利用して、胎内音の録音を内蔵した縫いぐるみが、乳児を安心させる効果があるとして製品化されています。さらに、すでに1980年、ノースカロライナ大学心理学研究室のアンソニー・ドゥカスパー（1980：1174-1176）により、出生直後の新生児が母親の声を他の女

性の声と区別して知覚しているという報告もなされています。

2)「音を聞く」行為の発達

乳幼児は音を聞いてどのように反応するのでしょう。表3.1にまとめてみます。

表3.1　乳幼児の「音を聞く」行為の発達

おおよその月齢（年齢）	「音を聞く」行為の様子	発達の特記事項
生後1週間	強い音刺激に対して筋肉を収縮させる。 母親の声に近い、比較的高い音高に安心する。	
2～3か月	音のする方に注意を向ける。母親と他人の声を区別する。快い音に対しては笑い、不快な音に対しては泣いたりする。	
4か月	音のする方向に振り向く。（この能力は、左右の耳から入ってくる音の大きさや時間の差を脳で分析して可能になる能力で、「音源定位」と呼ばれる。	首が座る
5～6か月	音楽に対して、少しの間じっと耳を傾けてから大まかな身体の動き（拍節とは連動していない）で反応する。	おすわり
11か月	つかまり立ちをしながら、音楽に対してリズミカルに身体を動かす。	つかまり立ち
1歳	音の鳴るものをじっと見つめたり、触ったりする積極的な姿が見られる。音楽を聞いて手を叩いたり、足をトントンと動かして踊るような動作をする。（意識的に音楽の拍節と同期させようとする。）	よちよち歩き。見たものの動作を模倣する。
1歳半	音楽に対して、よりリズミカルな動きができるようになる。お気に入りのキャラクターに関する音楽など、楽しい体験に繋がった音楽を好きになり、繰り返し聞く。	腕を振る、飛んだり跳ねたりする等、動きが活発になる。
2歳	音楽を集中して聞くようになる。 音楽に対する好みができる。	
3歳	音楽の好みが一段とはっきりする。好みの音楽を聞こうとしてCDなどの操作までするようになる。ますます集中して聞くようになるため、音楽を聞いて身体を動かすことが少なくなる。簡単な曲を聞いて覚える。	模倣による習慣形成
4～5歳	身の回りの音や音楽に対して興味を抱き、集中して聞くようになる。音楽を聞いて身体全体を動かすケースは減少し、手拍子や片足で拍子をとるようになる。 完全ではないが、音楽の拍節とかなり調和できるようになる。	発達は、心身ともに緩やかになる。

出所：鈴木・薮中（2004：11-13）をまとめ作成

成長を通して、「音が聞こえる」という受身的な状態から、より積極的に音を聞き、音に反応する行為へとたどる過程を見ることができます。

3) 幼い頃の音の記憶

筆者は毎年、ゼミの学生に対して、「あなたの心に残っている音に関する記憶をさかのぼり、一番古い記憶について話してください。」という質問を投げかけています。これまでの回答の中から、表3.2に、いくつかを紹介します。

筆者には子どもの頃の大好きな音の記憶が二つあります。一つは、2歳の頃、銭湯の帰りに父と波止場を散歩して聞いた船の汽笛の音です。体中に響くような厚みのあるふっくらした音で、夕暮れの波止場の色と大きな船の姿とともに心に残っています。もう一つは、3歳からの記憶で、日曜日の早朝、遠くから聞こえる、ゆったりとしたメロディーです。音源は不明ですが、オルゴールのような音色で、美しい静かなメロディーに何とも言えない安堵感を覚えたものです。一方、嫌な音の記憶もあります。小学校一年生の頃の強烈な記憶です。給食後の自由時間、校内放送でシューベルトの「楽興の時」、第3番が流れました。これを聞くと、カタカタと骨を鳴らしながら踊る骸骨に囲まれているような不気味さを感じて怖くなり、放送の音が届かない場所を探したものです。この曲に対するイメージは今も当時のままです。

このような事例から、私たちの心の中には、幼いころ聞いた音の記憶が、何らかの感情と結びついて残っているように思います。2、3歳頃の記憶が残っている人もいれば小学校時代までしかさかのぼれない人もいますが、学生の話を聞いていると、3、4歳くらいの記憶がよみがえってくるケースが多いようです。この年齢からは特に、音に対する感性が育つ時期と考え、豊かな音環境に気を配りたいものです。豊かな音環境とは、乳幼児の周りを常に音楽で満たすことではありません。私たちは、風にそよぐ葉擦れの音や遠くでさえずる小鳥の鳴き声など、自然の音、豊かな響き、空気を振るわせるアコースティックな音を耳にした時、かえって静けさを感じ、音を味わいます。乳幼児をこうした静かな環境に置くことで、音に対する感性が磨かれ、落ち着いた心が育つのです。

表3.2 幼児期の音の記憶

- 僕の祖母は、自転車の前に僕、後に姉を乗せ、毎日保育園の送迎をしてくれました。僕は、手を伸ばせば届く自転車のベルを鳴らし、音を聞くのが好きでした。その音が「おばあちゃんとの思い出」として今でも記憶に残っています。2歳頃だったと思います。
- 日曜日の朝、両親は教会に早朝のお祈りに出かけるのが習慣でした。たいていは何も気付かず寝入っている私でしたが、目覚めた時両親の不在に気付くと、とても不安でした。駐車場には砂利が敷かれていたので、両親が車で帰宅すると、「ジャリジャリ」という音でわかりました。その「ジャリジャリ」という音が、ほっとする記憶と共に今でも蘇ってきます。3歳よりも小さい頃からの記憶です。
- 私は、幼稚園に通う姉が羨ましくて、姉の幼稚園の道具を触ったりくしゃくしゃにしたり、いたずらして母に叱られました。そんな時母が必ず「お尻パチン」と言って、私のお尻を軽く叩きました。その「パチン」という声の響きがまた私のいたずら心を刺激して、とても楽しくなった気持ちを覚えています。2歳前の記憶です。
- 4歳で音楽教室に通い始め、初めて弾けた「メリーさんの羊」が印象に残っています。
- 群馬に住んでいた私は、幼稚園の頃、父の転勤が理由で名古屋に引っ越してきました。その時初めて新幹線に乗ったのですが、お友だちから離れて遠くに行くのが嫌だったため、新幹線の音が寂しい音として記憶に残っています。5歳の記憶です。
- 幼稚園の園歌が大のお気に入りでした。歌詞を全部覚えて歌えるようになったことが、3歳児ながらもとても誇らしかったです。今でも完璧に歌え、楽しい音の記憶です。
- 父が休みの日にギターを弾いていました。ギターの音は家族みんな揃ってゆったり過ごせる日の大好きな音でした。幼稚園児の頃に描いた、ギターを弾く父の絵が何枚も残っているので、その頃からの記憶だと思います。
- 幼稚園で鼓笛の練習をしました。毎日毎日練習するのが苦痛でした。私は鍵盤ハーモニカ担当でしたが、自分の出している音だけでなく、合奏をうるさいと感じたことを思い出しました。

出所:学生の語りから

あなたの心の中にはどんな音の記憶が眠っているでしょう。静かに自分の内面にある音の記憶と対話してみることも、「乳幼児と音」について考える糸口に

なるかもしれません。

2. 音であそぶ

1) 音を見つける・音を真似る

　ガラスコップのジュースにストローから息を吐きぶくぶくさせて遊ぶ、扇風機に向かって声を出し震える音で遊ぶ、こうした遊びはほとんどの人が経験しているでしょう。もしかしたら食卓の隣に座った兄弟に教えられたのかもしれません。しかし、多くの場合は、生活の中で偶然見つけた魅力的な音なのです。最近では、リサイクルセンターの回収コーナーで、ペットボトルをぺちゃんこに踏みつぶすお手伝いをしながら、つぶれる音や、うまく踏めず足からすり抜ける音を楽しんでいる子どもたちをよく見かけます。身の回りには子どもたちの興味を引く「音」があふれています。そして面白い「音」を見つけると、再現し、繰り返そうと子どもは夢中でその音を追いかけるのです。その音を何度も繰り返して聞きたいという欲求とともに、面白い音の再現方法を確認し、自分で創り出せることにも楽しさを感じるのでしょう。梅本堯夫（1999：2）は「年齢の低い子どもにとっては音響それ自体が好奇心の的であり、環境内にある事物に触ったり、叩いたり、押さえたりするたびに、どんな音が出るのかとか、高い音、低い音、明るい音色、暗い音色と変わったりすることが興味深いのである。また、環境内の事物の音だけでなく、子ども自身の音声それ自体が遊びの対象である。幼児期の子どもにとっては、言葉は完全に意味をもったコミュニケーションの道具となりきっているわけではなく、その途上にあり、音声の音響性への興味を残しているので、言葉のイントネーションは、ともすれば遊びとなり、歌となる。」と書いています。鼻歌とも歌とも区別のつかない音の高低を伴う幼児のつぶやきや、歌の中に出てくるオノマトペ（onomatopee〈フランス語〉擬音語、擬態語）の部分を繰り返し真似る様子はよく見られますが、これを裏付ける行為といえるでしょう。オノマトペには、濁音（ガ行、ザ行、ダ行、バ行）、半濁音（パ行）、撥音（はつおん＝「ん」）、促音（そくおん＝「っ」）、拗音（よ

うおん=「ゃ、ゅ、ょ、ゎ」)が多く含まれています。聞こえる音響の面白さとともに、これらの発音に際して感じる、唇の摩擦、勢いのある呼気、鼻に響く感覚などをも楽しんでいるのでしょう。筆者の甥は、2歳の一時期、「フライパン」という言葉がお気に入りで、ライとパンの音に勢いをつけて発音し、何度も繰り返していました。フライパンという道具や意味に執着をもっているわけではなく、いかにも面白そうに音響それ自体を楽しんでいました。お気に入りの言葉はそれぞれですが、この年齢の幼児にしばしば見られる行為です。

　また、言葉の抑揚(イントネーション)の面白さを真似ようとする行為は言葉の習得につながります。母親が赤ちゃんに語りかける時、声の高さが上がり、抑揚が誇張され、話し方がゆっくりになり、同じ言葉を繰り返すことが多くなります。この特徴ある話し方は、マザリーズ(アメリカの言語学者、チャールズ・ファーガソンがはじめて用いた言葉で、matheresとと表記する)と呼ばれますが、このような母親の話し方により、乳幼児は普通に話しかけるよりもはるかに早く言葉を習得するといわれています。そしてマザリーズの特徴ある話し方は、文化を問わずすべての母親が無意識のうちにしていることなのです。マザリーズの特徴は、歌う行為に似ています。歌は、音程を伴った抑揚の大きい流れで、息継ぎをはっきりと行いながら、会話文に比べ言葉を丁寧に歌います。正高信男(2001：42-44)は、連続して流れる音から言葉を聞き取るには、歌の方がただの会話文よりもはるかに適していることを説明しています。生後6か月から8か月の頃になると、「喃語(babbling)」と呼ばれる、言葉を獲得する前段階の、意味のない声を発するようになりますが、一般的な喃語とは少し違った喃語を、モーグは「音楽的喃語」と呼び区別しています。これは周囲の人の歌いかけや、

楽譜1　12か月児による喃語的な歌
出所：ハーグリーブス(1993：76)

音楽を聞いて発せられるもので、一般的な短い喃語とは違い、節のように音の高さが揺らぐものです。聞こえている歌や音楽に似てはいませんが、抑揚があることを聞き取り、真似しようとしているかのように聞こえます。ハーグリーブスは自分の子どもが12か月の頃の音楽的喃語を楽譜に記しているので楽譜1として掲載します。

2) 拍を感じて声で遊ぶ

　ある早朝、駅に向かって歩道を歩いていると、道路を挟んで向こう側の歩道を若い父親が女の子を肩車して駅に向かって歩いていました。肩の上で女の子が「パ〜パッ」と呼ぶと、父親は同じリズムとアクセントで「は〜いっ」と答えました。車がほとんど通らない道路を挟んで、二人の声はよく響き、駅まで5、6分、やりとりがよく観察できました。一歩一歩の振動が肩の上の女の子にも伝わるのか、「パ〜パッ」「は〜いっ」、の繰り返しは父親が歩く速度で続きました。しばらくすると女の子が同じ調子で「マ〜マッ」と、同伴していない母親を呼びました。父親はどうするのかな、ひょっとして高い声で返事をするのかな、と期待しましたが無言でした。それからは「パ〜パッ」「は〜いっ」、の中に、時々「マ〜マッ」無言、が加わり、4拍子の言葉遊びが続きました。しばらくして、新たなアレンジが生まれたのです。女の子がドレミの音程をつけて「パパパ」と歌いました。それに対して父親は、その音程とリズムそっくりに「パパパ」と続けたのです。このやり取りは声を大きくしたり小さくしたりしながら駅まで続きました。女の子が大きな声で「パパパ」と言えば父親も大きな声で応え、女の子が小さな声であれば、父親もそれに合わせるという具合です。二人のやり取りを記譜すると楽譜2のようになります。

楽譜2　2歳3か月女児と父親の遊び

駅に到着し、娘と素晴らしいコラボレーションを繰り広げた父親に尋ねると、女の子は2歳3か月とのことでした。このやり取りには拍を感じる幼児の姿を見ることができます。拍とは、音楽の時間的な流れにおいて最も基本となる単位です。一定の時間的感覚をもった脈拍ともいえるでしょう。その時間的感覚の長さによって音楽のテンポ（速さ）が定まります。また、拍は、このような時間的計測の単位であると同時に、それが一定の数集まって（楽譜上では）小節を構成し、そこにアクセントの強弱（〈強拍〉〈弱拍〉）のパターンを生み出すことによって、2拍子や3拍子等の拍子を生み出すのです。つまり、音を一定の時間的間隔で発することや鳴らすこと、あるいは、聞こえている音や音楽から一定の時間的間隔を感じて反応することは「音に関わる表現」の第一歩といえるでしょう。そして拍を感じる力があればこのように他者と一緒に拍を共有して遊ぶこともできます。音楽に合わせてみんなで手を叩いたり、体を動かすことも可能です。谷口高士（2000：135）は、多くの研究を基に、幼児が音楽に合わせて手を叩いたり、体を動かしたりする同期行動（または同調行動）は、世界中を通じてかなり生得的、かつ普遍的なものだとまとめています。フィリップ・ボール（2011：330）は、この同期行動、つまり、拍を感じとる能力を基に音のパターンに合わせて身体を動かす能力、いわゆるリズムに乗ることができることこそ人の際立った特徴であると記しています。上手に同期行動がとれるようになるのは4、5歳児になってからですが、それは身体の各部分を連動して動かすことが2、3歳児にはまだ難しいからです。しかし、2、3歳児でも、充分に拍を感じて楽しめることが、この親子の事例からもうかがい知ることができます。

3）イメージするお話や音を声にしながら描く

　写真1は3歳2か月の幼児が描いたものです。絵を描こう、という姿勢で描いたのではなく、自ら突如描きたい欲求にかられたのでしょう、手元にあった広告の裏に多彩な声を発しながら時間をかけて描いた絵です。その特徴は、色を選び、時にはクレヨンをもった手を振り上げたりしつつ、シュワーッ（手を振り上げると同時に声の高さも上がる）とか、ザザザザ、とか、ズブズブとか擬音をふ

写真1　3歳2か月児の絵

んだんに盛り込みながら描いたことです。「○からタコが出て悪い奴をやっつけるの」「脚に巻きつけて引っ張って海に沈めるの、ズブズブー・・って」という調子で、描かれるものが一つ一つ増えていき、白い紙の上で繰り広げられるドラマでした。H. ガードナー（1991：168）は、5歳から7歳を描画の黄金時代としています。一つ一つの線、形、形態が幼児の内部感情を伝えるものであり、描きながら歌ったり、踊ったり、物語を話すことで、さまざまな表現活動を行ったり来たり繰り返しながら良い作品を作る効果を得るのだと述べています。色から簡単に音を連想し、逆に音からも簡単に色が思い浮かぶこと、また、手の動きが詩を暗示し、詩から踊りや歌が起こることなどを挙げ、この時期は他のどんな時期よりも、子どもが感覚器官を通じて簡単に置き換えをすることができる時期であるというのです。写真1が描かれたのは、ガードナーが提示している5歳から7歳という年齢よりも幼い時期なので、絵としてもイメージしているお話も拙いものですが、その兆しが見られます。当時、この幼児の心の中にはさまざまな登場人物が現れ、目を見張るような鮮やかな色が見え、臨場感あふれる音が聞こえていたことでしょう。ピカソは、「私はラファエルのように描くのが常であったが、子どものように描くことを学ぶのに一生を費やした」といいました。また、革新的な舞踊の世界を切り開いたアメリカの女流舞踊家イサドラ・ダンカンは、「言葉で言えるくらいなら、絵に描く必要はありま

せん」と力説したそうです。これらの言葉には、幼児の、「五感のすべてを通じて身体が受け止めたものを表現する」ことが、大人の芸術家にとっても、表現の神髄であることを物語っているのです。

4) あふれる気持ちに節をつけて歌う

　それまで母親と遊んでいた3歳児が、母親の用事で急に一人にされました。幼児は寂しかったのでしょう。お気に入りのタオルケットと縫いぐるみを持ち込んでソファーに寝転び「ひとりぼっちは寂しいな〜。人形だってお友だち〜」と人形を寝かしつけるようなしぐさをしながら優しい声で節を創って歌いました。楽譜3に示します。写真2は、その様子です。

楽譜3　3歳児の歌

写真2　楽譜3を歌っている様子

　D. J. ハーグリーブス（1993：78-91）は、2歳児から5歳児による自発的な歌のいくつかを挙げその特徴をまとめています。それによると、3歳児になると、正確な音高関係やリズムなどの細かい部分はできていないながらも、歌というも

のの基本的な形式や枠組みについて自分なりに何らかの考えをもっているというのです。彼はこれを、早期の描画に見られる「オタマジャクシ人間」あるいは「頭足人」(写真3)のような現象と非常に似ているとしています。

写真3　オタマジャクシ人間
左：ハーグリーブス (1993：43)　右：山口 (2007：61)

　胴の部分は欠けていますが、「オタマジャクシ人間」には、人間の形だと輪郭的にはっきりわかる特徴があります。同じように、この頃の即興的な歌は「歌」として認識できるものになっています。楽譜3の歌を見てみましょう。筆者はこの歌の3つの点に注目しました。

　まず、人形を寝かしつけるようにトントンしながら歌ったこともあり、拍、リズムが正確に歌われました。この頃になると自分の言いたいことを拍に乗せて、即興で歌うことが多くなります。シンプルですがリズムも整ってくるので、音の高さは音符から微妙にずれていても、記譜できるレベルの歌が完成します。

　次の注目点は、始めの2小節を除き、「ソ」と「ラ」の2音のみが使われ、わらべうたのような節になっている点です。2, 3歳児の頃は、好きな歌の旋律や聞き覚えのある旋律、あるいは、そのような旋律の一部を借用し、自分の言いたいことを即興で歌います。旋律を借用していることは、ほとんど無意識のうちに行われるのです。大人が「それ、○○の歌だよね？」と問いかけると、むきになって否定することもしばしばです。子どもにとっては今、自分が創りあげたばかりの世界でたった一つの歌なのです。ここで、わらべうたのような音配列になった背景には、「げんこつやまのたぬきさん」や、「上がり目下がり目」

3　乳幼児と音　　35

などの手遊びの記憶があったのかもしれません。また、シンプルで歌い易いことも要因なのでしょう。

　最後の一点は、歌の始まりが綺麗な高い声であったことです。3歳児の歌い声の音域は、概ね、「レ」から「ラ」とされています。しかし幼児は多彩な声を用いもっと広い音域を出すことができるのです。小川容子ら（2008：102）は、年中児クラスの子どもたちが、「北風小僧の寒太郎」の高い「ファ」を、裏声を使って発声しているのを観察しています。楽譜4の部分です。

楽譜4　北風小僧の寒太郎

出所：小川ら（2008：102）より

　「北風小僧の寒太郎」のこの高い音の部分は、風の音を示しています。風の音は子どもにとって馴染のあるイメージしやすい音でしょう。このように、イメージがあれば、幼児でも裏声を歌に使うことが可能なのです。そして、これにより、幼児の表現はより多彩なものになります。É. ジャック＝ダルクローズ（2011：78-79）は、幼児の早い時期に、ライオンやトラの唸り声、カッコウのアクセントや、キツツキのこつこついう音、カササギやカラスの騒がしいおしゃべり声や、雌鶏のコッコと泣く声、シジュウカラとナイチンゲールの歌声をまねさせるべきであると述べています。このような、聴覚と視覚と触覚を結びつけ、あらゆるジャンルの感覚的な経験を子どもに享受させる遊びを通して、知らず知らずのうちに「生」と「美」の要素を体感することができ、子どもの脳はさまざまなイメージで満たされる、と彼は主張しています。

　さて、楽譜3の歌の始まりが高い「レ」であったことを考えてみましょう。この歌は、人形に子守り歌を歌ってあげようとした思いがきっかけになっています。きれいな高い声で歌い始めたのは、自分が子守り歌を歌ってもらう時の母親の声がイメージだったのではないでしょうか。どんな文化においても、子どもの世話をする者は子どもに歌を聞かせます。そして特に、眠りにつかせるた

めに何度も歌う子守り歌のイメージは、幼児の心に残っていきます。ウイリアム・ベンゾン（2005：206）は、「生後3か月間、両親にとっても赤ん坊にとっても最も大切な仕事の一つは、赤ん坊がまとまった睡眠に慣れて夜じゅう眠るようにしていくことであり、これは赤ん坊が自分の心をコントロールできるように助けてやることになる」という興味深い記述をしています。彼は、まとまった睡眠をとるのは、私たちが自分の心をコントロールできる最も基本的な形であり、長い時間続けて眠ることのできない乳児の心を整えていく過程で歌われる子守り歌の役割は大きいと述べています。つまり、子守り歌は、最も心安らぐイメージであり、自分が寂しい時に幼児が創ったこの歌は、自らを慰める子守り歌のイメージだったのでしょう。「一人ぼっちは寂しいな」と歌いながらも、幼児の心は、お気に入りの人形に歌を歌ってあげる行為を通して満たされていたのだと思います。2, 3歳で歌われるこうした即興的な歌は、歌うことで幼児の心を整える、大きな意味のある表現なのです。フォライ・カタリン（1975：20）らは、「保母が、子どもの身のまわりの世話、遊びの間などに多く歌をうたうところでは、子どものひとりうたも、聞いたのと同じ声を出してみようとする試みも、多く聞かれます。大人の歌が、子どもに対して、どのように多面的な音楽上の影響を与えるか、想像以上のものがあります。これを、こどもの即興にあらわれてくる要素の中に、はっきりと認めることができます。」と書いています。やがて、4, 5歳に成長し、保育園、幼稚園で歌う歌、テレビなどのメディアから覚えた歌をうまく歌えるようになるにつれ、そうした歌が即興的な歌にとって代わっていきます。覚えた歌、好きな歌を口ずさむことが、幼児にとってより楽しく、心地良い行為になっていくからでしょう。

　好きな音を追いかけ、真似し、表現した乳幼児期に育まれる音との関わりはずっと私たちの内で燃焼し続けるエネルギーのようなものです。このエネルギーは、歌いたい、楽器を奏でたい、という気持ちを育てるだけでなく、他の五感とともに、感じる心の豊かさや、創造力、知性をも育んでいくのです。

引用参考文献

- DeCasper, A.J. & William P. Fifer（1980）Of Human Bonding：Newborns Prefer their Mother's Voices. *Science*, New Series, 208: 1174–6.
- カタリン，F.・エルジェーベト，S.著、羽仁協子・谷本一之・中川弘一郎訳（1975）『コダーイ・システムとは何か』全音楽譜出版社
- ベンゾン，W.著、西田美緒子訳（2005）『音楽する脳』角川書店
- 梅本堯夫（1999）『こどもと音楽』東京大学出版社
- 小川容子・今川恭子（2008）『音楽する子どもをつかまえたい』ふくろう出版
- ガードナー，H.著、仲瀬律久・森島慧訳（1991）『芸術、精神そして頭脳』黎明書房
- ジャック＝ダルクローズ，É著、河口道朗訳（2011）『音楽と人間』開成出版
- 鈴木みゆき・薮中征代編著（2004）『乳幼児の音楽』樹村房
- 谷口高士（2000）『音は心の中で音楽になる』北大路書房
- ハーグリーブス，D.J.著、小林芳郎訳（1993）『音楽の発達心理学』田研出版
- ボール，P.著、夏目大訳（2011）『音楽の科学』河出書房新社
- 正高信男（2001）『子どもはことばをからだで覚える』中公新書
- 山口真美（2007）『正面を向いた鳥の絵が描けますか？』講談社

子どもの身近にあるピアノ

鷹羽 綾子

● ピアノが子どもの習い事として注目されるわけ

　日本の保育所や幼稚園、小・中・高等学校や公共のホールなどには、必ずといっていいほどピアノが置いてありますが、皆さんはピアノという楽器に触れたことがあるでしょうか。

　近年、ピアノには子どもの脳を鍛える効果があることが注目されています。フジテレビの情報バラエティ番組「バイキング」で、「脳科学者11人に聞いた12歳までに通わせるべき習い事ランキング」でピアノが1位に輝いたことがありました。①音のズレを即座に理解する能力が養われ脳を刺激する、②発表会などの舞台に出て緊張感の中で演奏する経験が脳を活性化させる、③両手と右足をバラバラに動かし特に両手の小指をしっかりと使うことで情報処理を担う前頭前野が刺激され同時処理能力がアップする、④楽譜を見ながら演奏していくことを通して先を読む力や暗記力がアップする、といった理由からでした。また、小学生を対象にした自由時間や休日の過ごし方に関する調査においても、ピアノを弾いている子どもはHQ（Humanity Quotient：人間性知能）が高く、プラスに寄与しているという結果が出ています。このような理由からも、ピアノは現在、子どもの習い事として大変注目されています。

　もちろん、ピアノを弾くことのメリットは注目すべきところですが、ピアノを弾くこと、ピアノを通して音楽に親しむことの意味はそれだけではありません。何よりも重要なのは、子どもは音楽が大好きであるということです。2歳になる私の娘も、保育園で歌や踊りを楽しんでいる様子ですし、家庭においても「○○を弾いて」と拙い言葉でリクエストし、毎晩、私の膝の上でピアノから流れる音楽を楽しんでいます。その満面の笑みや何度も発せられる「もう1回！！」という言葉からは、子どもにとって音楽がいかに興味を惹かれる、楽しいものであるのかが一目瞭然です。このように子どもたちが気軽に音楽を楽しめるようになった背景には、ピアノが各家庭や保育所、幼稚園、学校などの公共施設に普及し、子どもの日常に定着している現状があります。元来は西洋の楽器であったピアノが、どのように日本人の

生活に受け入れられ、子どもにとって身近なものとして定着していったのでしょう。

● 日本におけるピアノ教育のはじまり

　日本におけるピアノ教育のはじまりは、幕末・明治時代に遡ります。1871（明治4）年11月に、吉益 亮子（よしますりょうこ）（15歳）、上田悌子（ていこ）（15歳）、山川捨松（すてまつ）（12歳）、永井繁子（9歳）、津田梅子（8歳）という5人の少女たちが岩倉使節団に随行し、渡米しました。彼女たちが外国で本格的なピアノ教育を受けることになった最初の日本人です。特に捨松、梅子、繁子の3人は、長期にわたる留学を経験し、系統立ててピアノを習い、専門的なピアノ演奏の知識と技術をもつ極めて稀な存在でした。英語はもちろんのこと、洗練された身のこなしや西洋のマナーを身につけていたため、1883（明治16）年にオープンした鹿鳴館でも人気の的となりました。その影響もあってか、上流階級の婦人の間では、ピアノを演奏することがブームとなったのです。このことが日本におけるピアノ教育の発展へと繋がっていきます（小堀哲郎「現代「習い事」事情―日本におけるピアノの受容過程とその大衆化―」静岡福祉大学社会福祉学部健康福祉学科中野一茂研究室内総合人間科学研究編集事務局、2009年）。1879（明治12）年には文部省内に音楽教育の研究、音楽教師の育成のための機関として音楽取調掛が設置され、1887（明治20）年に東京音楽学校へ改組されます。そして、音楽教育の重要性を訴えていた伊澤修二が初代校長に就任し、繁子も教員となりました。この音楽学校で日本人女流ピアニスト第一号として称賛されたのが、久野久（ひさ）です。彼女は1918（大正7）年にベートーヴェンの演奏会を開いて成功を収め、後に国費留学生としてウィーンへ派遣されました。

　日本に西洋音楽が輸入されて50年が経つ頃には、私立の音楽学校も開校されるようになり、ピアノの学習者も増加しました。10代前半で渡仏した原智恵子はパリ国立高等音楽院を首席で卒業し、1933（昭和8）年に帰国後初のピアノ独奏会を開きました。1937（昭和12）年には日本人として初めてショパン国際コンクールに出場し、15位になっています。日本に西洋音楽が導入されて100年が経つ頃には主要な国際ピアノコンクールの入賞者も現れています。こうして国際的に活躍するピアノ演奏家が輩出されるにつれ、ピアノの学習者や愛好者も急増していき、現在、その数は100万人を超えています（菅野恵理子「今こそ音楽を！」一般社団法人全日本ピアノ指導者協会（ピティナ）、2015年、http://www.piano.or.jp/report/04ess/livereport/2015/06/12_19790.html、2019年1月10日最終閲覧）。

● 現在の子どものためのピアノメソードや教則本

　現在では、ピアノ教育は良家の子女の嗜(たしな)みやピアニスト育成のみを目的とするものではありません。子どもの育ちに即した情操教育の有力な手段のひとつとして一般化し、多くの子どもたちが幼い頃よりピアノを習い、音楽に親しんでいるのです。

　日本においてピアノ教育が始まって130年余が経過し、その間にさまざまなピアノ教則本やメソードが誕生しました。指導者は生徒の年齢や発達にあわせ、これらを組み合わせたり、またはひとつのメソードに専念させたりしながら、子どもたちをピアノの世界へと導いていきます。かつては「楽譜通り正しく上手に弾く」という教育が中心だった時代もありましたが、現在では「楽しく弾く」、「自己表現する」という音楽本来の楽しさや美しさに焦点をあてた教育がさかんになってきました。ここでは子どものためのピアノメソードやよく使用される教材を紹介したいと思います。

① ヤマハ音楽教育システム

　ヤマハ音楽教室のコンセプトは「上手に弾ける人から、音楽を楽しむ人へ」です。戦後の日本の音楽教育は、『バイエル』という初心者向けの教則本を使って練習するのが一般的であったため、幼い子どもが楽譜を読んで演奏するのは難しく、挫折してしまうケースも多かったといいます。

　そこで、難しい楽譜の読み取りから始めるのではなく、子どもがさまざまな形で音楽に触れ、その楽しさや心地よさを味わいながら、自然に音感が磨かれるという方法を編み出そうとして誕生したのが「ヤマハ音楽教育システム」です。1～3歳の親子を対象にしたコースでは、感性や情緒を育む「情操教育」を行っています。聴覚が最も発達する4～5歳を対象にしたコースでは、聴くことを重視し、言葉を覚えるように聴いた音楽をドレミに変換し、歌い覚えたドレミを鍵盤で確認し、それを繰り返します。その教育の指針は「適期教育」「グループレッスン」「総合音楽教育」です。また、絵や映像から、感じる心やイメージする力を養います。最大10人位のグループで学び、アンサンブル（合奏）をすることによって、遊びの延長として音楽を楽しみながら、皆でひとつの音楽を作り上げていく達成感を味わうことができるように導きます。お互いの音を聴きあうという経験は、他人に気遣いができる心を養い、社会性も育みます。幼児期は「きく」「うたう」「ひく」「よむ」「つくる」という5つの要素をグループレッスンに組み込み、ピアノなどの楽器に本格的に取

り組むのは、指の骨が強靭になる小学生以降となっています。テキストの歌詞は 16 の言語に翻訳され、40 以上の国と地域で約 19 万人の子どもたちが学んでいます (吉井妙子『音楽は心と脳を育てていた』日経 BP 社、2015 年)。

② バスティン・ピアノメソード

「バスティン・ピアノメソード」は、1970 年代にアメリカのジェーン＆ジェームス・バスティン夫妻の「楽しみながら上達するピアノレッスンを」という理念のもとに、創始・開発されました。教本は世界 10 数か国語に翻訳され、ピアノメソードでは全米一の売上を誇っています。

日本には福田靖子氏が持ち帰り、1988 年に日本語版が発売されました。導入期より全調の学習をレッスンに取り入れ、鍵盤の理解、リズム、聴音、和声、創作、即興演奏、移調、理論、テクニック、アンサンブル、初見、読譜、鑑賞などをバランスよく習得することができる内容となっています。それぞれの曲に歌詞が付いているので、弾き歌いの練習も同時に行うことができます。特徴としては「数こなし式」「かみくだき式」「逆算式」の 3 点があげられます。「数こなし式」とは、楽に弾ける曲を数多く宿題に持たせることです。これにより、子どもたちはいろいろな曲がたくさん弾けたという達成感を得ることができます。また、曲を多くこなすなかで、自然と読譜と初見の能力が高まります。「かみくだき式」とは、新しい課題を無理なく導入するために、予備練習から基礎、応用、展開へと順序よく指導ができるようにテキストが作られていることです。主教材の『ピアノ』はもとより、『セオリー』、『パフォーマンス』、『テクニック』、『毎日の初見』、『併用曲集』などの教材が、さまざまな角度から多様な手段で学習できるようになっています。大切な基本概念を何度も繰り返すことにより、復習しながら進められ、生徒が自分で学ぶ力を早い段階から身につけられるように作られています。「逆算式」とは、指導者が目的地から逆算して各生徒の道のりを考えることです。バロック、クラシック (古典)、ロマン、近現代の 4 期の名曲を弾くことを視野に入れ、そのために必要な音楽理論、テクニック、音楽性などを導入期から各時期に合わせた形でバランスよく取り入れています。また、全調の移調を早い時期から導入し、調号がたくさん付いている曲への苦手意識をなくすための対策も講じられています。(東音企画「バスティン・メソードとは」、http://www.to-on.com/bastien/about、2019 年 1 月 10 日最終閲覧)

③『ぴあのどりーむ』と『ピアノひけるよ！ジュニア』

教則本『ぴあのどりーむ』は、田丸信明により 1993 (平成 5 年) に出版されました。「夢いっぱいに、楽しく、親しみやすく」がコンセプトの全 6 巻で構成されたテ

キストです。導入時より大譜表（上段にト音譜表、下段にヘ音譜表を組み合わせた二段構えの譜表）を使用しているので、早くから低音部（ヘ音）記号にも慣れることができます。導入は「真ん中のド（1点ハ）」から上下に少しずつ音域を広げていくので、無理なく読譜力とテクニックを身につけていくことができます。1曲が短いので、次の曲に進みやすく、子どもたちが達成感を感じやすいことや、可愛らしい挿し絵が楽譜を彩り、曲のイメージを膨らませてくれることも魅力です。メイン教材の曲集テキスト『ぴあのどりーむ［1～6］』の他に、テキストに準拠した『ワークブック［1～6］』と『レパートリー［1～6］』、『ピースレパートリー［1～12］』をシリーズで使うこともできます。

　教則本『ピアノひけるよ！　ジュニア［1～3］』は、橋本晃一により1998（平成10）年に出版されました。併用教材として、『ワークブック［1～3］』と『はじめてのテクニック［1～2］』があります。『ぴあのどりーむ』と同様に導入時より大譜表を使用し、「真ん中のド（1点ハ）」から上下に少しずつ音域を広げて勉強していきます。「きらきらぼし」や「ふしぎなポケット」「とんぼのめがね」などの童謡が練習曲になっているため、知っている曲を弾けるという喜びが子どもたちのやる気を引き出し、基礎的な読譜力やテクニックを楽しみながら身につけられるように考えられています（橋本晃一『ピアノひけるよ！　ジュニア1』ドレミ楽譜出版社、1998年）。1巻はどの曲にも連弾譜が載っており、旋律を弾けるようになった後には、家庭やレッスンで連弾を楽しむこともでき、導入時から他の人と一緒に演奏をする経験を積むことができます。

　ピアノの指導法や教則本には実にさまざまなものがあり、ここで取り上げたものはそのうちのほんの一例です。子どもたちが楽しく音楽と触れあい、ピアノの技術や知識を深めていけるように多くの教材が出版されています。指導者は目的にあわせて教材を選び、子どもたちは先生や保護者と一緒に楽しみながらピアノの世界へと歩みを進めていくことができるのです。

● **教育現場での活用**

　ピアノは子どもの成長にあわせて、教育や保育の現場でも役立てられています。幼稚園・保育所におけるピアノ・オルガン、弾き歌いに関する現状と課題についての調査によると、保育中にピアノ・オルガンを「よく使用している」保育者が66.6％、「まあまあ使用する」をあわせると92.3％の保育者が、保育中にピアノな

どの鍵盤楽器を使用しているという結果が出ています。日々の保育における歌の伴奏はもちろんのこと、整列や行進の伴奏や合図として、子どもの気持ちを落ち着かせたり盛り上げたりするための援助として、活動の雰囲気づくりやBGMとして、ピアノは活用されています（松本俊穂「幼稚園・保育園におけるピアノ・オルガン、弾き歌いに関する現状と課題」長崎純心大学・長崎純心短期大学部『幼児教育　特別号』2001年）。CDなどの録音物を使用して音楽を流すこともできますが、子どもたちの鋭敏な感性に反応のできる保育者であるためには、楽器による臨機応変な演奏が必要となってくるでしょう。

　小学校・中学校・高等学校では、音楽の授業や合唱祭における歌の伴奏、行事での合奏や音楽づくりなどにピアノは使用されています。授業にピアノレッスンを取り入れている高等学校もあります。大学においても、音楽科目を教養教育として取り入れる動きがあります。慶應義塾大学では合唱や弦楽などの授業が開講されていますし、東京音楽大学と上智大学には単位互換協定があり、東京音楽大学の学生は上智大学の教養科目を、上智大学の学生は東京音楽大学の音楽科目を履修できることになっています（菅野、同上）。

　このような教育現場におけるピアノの活用は、子どもの生活にピアノが定着している大きな一因であるといえるでしょう。

● **地域社会とピアノ**

　音楽は地域社会とも密接に結びついています。近年、公的機関がプロの音楽家を地域の学校や施設に派遣して、演奏会やワークショップを行う活動（アウトリーチ）も盛んになってきました。市町村や公共施設が演奏家を招き、市民が無料や低価格で気軽に音楽を楽しめる演奏会も各地で開かれています。その中には、託児サービスを設けているものや妊婦や乳幼児を対象にしたものもあり、子育て中の親や未就学児が生演奏を聴ける機会となっています。一般的なコンサートでは未就学児は入場できない場合が多いため、アウトリーチや0歳からの親子を対象にしたコンサートは、今後ますます求められることになるでしょう。子どもたちが初めて聴く生演奏に目を輝かせている様子は、演奏者にとっても特別な体験となりますし、未来の音楽愛好者を育て、子どもたちの豊かな感性を育んでいくことにも繋がります。

　地方自治体などが運営する施設にはピアノが置いてあることが多く、さまざまな楽器の伴奏やソロ演奏に使用されています。そのためピアノは子どもたちにとって

目にする機会が多くなり、親しみやすいものとなっています。

● 生涯学習としてのピアノ

　生涯学習の普及とともに、ピアノも継続的な学習が推奨されるようになってきました。かつて「子ども時代の習い事」というイメージが強かったピアノですが、現在では「子ども時代から続けている習い事」「子どもから大人まで生涯にわたってともにあり続けるもの」へと変化しています。子ども時代に習い始め、大人になってからも同じ先生に習い続ける方もいますし、大人になってからピアノを始める人を対象としたピアノ教室も多く開かれ、それを支援する組織や活動も増えています。

　各地の生涯学習センターでは、ピアノや練習室を低価格で貸し出したり、コンサートや講座などのイベント情報の提供を行ったりしています。学びを支えるサポート体制も各所にあり、人の演奏を聴いて楽しむだけでなく、自分で演奏して楽しむ場もつくられています。地元のピアノ愛好者が集まることで、同じ趣味をもつ仲間ができ、交流が深まる機会となっています。

● 子どもの成長とともにあり続けるピアノ

　ピアノは年齢に関係なくいつまでも自分のペースで演奏していくことができるものです。音楽を楽しむための素地と感性を磨き、生涯を通してどこまでも学びと感動を深めていく可能性に満ちています。これからもピアノが子どもたちの身近なところにあり続け、子どもたちが音楽を楽しみながら豊かな人生を送っていくことを願ってやみません。

子どもと芸術の関わり
絵画表現を支える描画材

水谷 誠孝

1. 子どもと絵

1）「子どもが絵を描く行為」と「物質としての子どもの絵」

　絵とは、「平面上に線や色彩で形象を表す行為、またその結果生まれた造形」（益田・喜多崎　2005：69）であるといわれています。子どもが画用紙に、クレヨンや絵具で絵を描いている様子を想像してみてください。その状況からは、子どもが描くという行為と、クレヨンや絵具によって描かれた画用紙という結果が見られます。

　ここでは、手などの身体の運動や、感性、知性などから生まれる「子どもが絵を描く行為」と、紙やクレヨン、絵具といったもので構成された「物質としての子どもの絵」、この2つの側面から考えてみましょう。

2. 子どもが絵を描く行為

1）「子どもの芸術」の発見

　美術教育に大きな影響を与えたオーストリアの美術教育の実践家フランツ・チゼック（Franz Cizek　1865-1946）は、「子どもの芸術」を提唱しました。彼は、長年、活動をともにした友人のヴィオラが著した『チゼックの美術教育』の中で、「子どもの美術とは、子どもたちのみが作りうる美術だ」といい、自身が唱えた教育プログラムにおいて「子どもたち自身によって成長させ発展させ、成熟させよ」といっています（ヴィオラ　1976：18, 52）。子どもの絵を大人の視点

から未熟な絵と捉えるのではなく、子ども独自の世界観を認めることの重要性を示唆し、子どもが主体的に学ぶことの価値を主張しました。

2) 子どもの絵

　子どもが夢中になって絵を描いているのに、大人には一体何を描いているのかほとんどわからないことがあります。子どもの発達段階と美術教育との関わりについて大きく貢献したヴィクター・ローウェンフェルド（Viktor Lowenfeld 1903-1960）は、その著書『子どもの絵―両親と先生への手引―』の中で、「子どもの世界と大人の世界とはまったく異なっているので、大人から見ると子どもの表現がとても奇妙に見える。子どもが言葉で自分を表現することは、絵で自分を表現するのと同じように重要なことなので、子どもに何を表現したのかを話してもらい、大人がその経験を分かち合うことが重要だ」（ローウェンフェルド 1956：130）と述べています。

　これまで多くの研究者が、子どもと描画との関係を研究していますが、ローウェンフェルドの『美術による人間形成』と、ハーバード・リード（Herbert Read　1893-1968）の『芸術による教育』における子どもの絵に関する見解は、美術教育の分野において第二次世界大戦後に注目されました。二人は、子どもの絵画表現を心の活動の結果としてみなし、分類しています。リードは、数千枚の子どもの絵を、「有機的」「印象主義的」「表現主義的」「装飾的」などの描画の形式で分類し、それを心理学的分類に対応させるなどしました（リード 2001：165-168）。一方、ローウェンフェルドは、観察を通して外観から事物を捉える「視覚的」と、運動感覚と触覚的な経験によって事物を捉える「触覚的」など、いくつかの分類をしています（ローウェンフェルド　1963：330-332）。

3) 子どもの描画表現の発達と特徴

　ローウェンフェルドは、子どもの発達段階ごとのスタイルの違いを強調しました。子どもの年齢を基準として発達の段階を説明し、表現を高めていくための特定の図式や形態に対する概念を、事例を挙げて説明しています。絵画を構

成する基底線のシステムや、重なりによって奥行き感をつくり出すといった、絵画的な空間に対する概念の進歩によって、子どもの絵画表現の変化に知的な発達があることに注目しています。彼は、子どもの発達段階における描写の能力を確定し、その発達段階に即した指針を具体的に指示しています（ローウェンフェルド　1963：622-624）。

　ローウェンフェルドやリードが示唆した子どもの描画表現の発達や特徴の研究は、その後も発展をみせています（アイスナー　1986：104-119）。以下に、子どもの描画表現の発達と特徴を紹介しますが、子どもの成長は地域や社会の多様なあり方、科学の進歩などをふまえる必要があります。あくまで参考として捉え子どもの個性や成長を個別に見守りながら、その表現に寄り添うことが求められます。

① 錯画期（スクリブル期）（1歳～3歳ごろ）：運動と身体感覚による線描をするようになります。
② 命名期（象徴期、意味づけ期）（2歳～4歳ごろ）：渦巻き状の線や丸が描かれるようになり、それらに意味をつけたり、命名したりします。
③ 前図式期（カタログ期）（3歳～6歳ごろ）：丸の中に目や鼻や口を、丸の外に手足が描かれた、頭足人（とうそくじん）と呼ばれるものを描くようになります。事物を象徴的に表すようになり、興味があるものなどを並べて描きます。
④ 図式期（4歳～8歳ごろ）：自分のイメージをひとつの画面に構成して描こうとするようになります。特徴的な表現として、基底線（画面下部に地表を表す横線をひき、画面に秩序をつくる）、レントゲン図法（家や乗り物の中、地中などを透視したように表す）、展開図描法（立体の展開図を思わせる図法）、異時同存表現（いじどうぞん）（異なる時間が同じ画面に描かれている）などがあります（藤田　2014）

3. 物質としての子どもの絵

1) 人と描画材

　私たちは空や海、景色に現象としての色を見ることはできますが、それらを取り出して使うことはできません。土や葉、動物などに美しい色を発見したとしても、実際に絵を描く材料として使用できるものは、自然界の中でほんのわずかしかありません。人はこれまでの歴史の中で多くの色を獲得し、絵具や描くための道具をつくり出してきました。35万年前には、体を装飾するために色のついた土を使用し、紀元前4万年には、黄色の土を熱して赤色を作る技術を発見しています。古代エジプト文明では、壁画の技術に加えて、木板、パピルス、陶器、像、箱、棺など、持ち運びができるものに絵を描く技術が発達しています（ドラマール＆ギノー　2007：20-24）。絵具と道具は、物質の表面に容易に色の痕跡をつけることができ、色を持ち運ぶことのできる、人にとって重要なものといえます。

2) 子どもと描画材

　美術教育に大きな影響を与えたチゼックは、画家であり教師ではありませんでしたが、彼の信念は、真の芸術家はすべてまた教師というものでした。ボヘミアの小さな村に生まれた彼は20歳の時にウィーンの美術学校に入り、ある家族の家に下宿しました。そこにいた子どもたちに自分の鉛筆、絵筆、絵具などを与えたことが、子どもの表現を世間に紹介するきっかけとなりました（ヴィオラ　1976：17-18）。芸術家が使用するような専門的な道具や材料を使えば良いというわけではありませんが、子どもが絵を描くとき、その表現に寄り添う者が「物質としての子どもの絵」を構成している描画材の種類や特質について、知識をもっていることは重要です。子どもの発達の段階や、表現の状況に応じ、適切に提供することができるからです。

　ローウェンフェルドは、著書『子どもの絵―両親と先生への手引―』の中で、適切な道具は子どもの発達段階によって異なるので、子どもの自由な表現を妨

げないよう、適切な材料を適切な時期に子どもに提供するよう明示しています。例として、乳児にどんな食べ物が一番よいか調べるために何でもむやみに乳児に食べさせるのが良くないように、子どもにむやみに美術材料を与えるのは良くないといっています。子どもが絵を描くときに用意するものとして、クレヨン、紙（クレヨン用と絵具用のもの）、ポスターカラー、水彩絵具、よい筆（硬さや太さ、毛の材質の異なるもの）などを例に挙げています（ローウェンフェルド 1956：61-64）。また『美術による人間形成』では、用意する美術材料について、①子ども自身の表現の欲求に適合するもの、②材料と表現が一体となるもの、③他の技法と材料で代用できないもの、と述べて子どもの発達段階別に詳細に指示しています。また、子どもの表現への要求を支えてくれる材料か、抑制してしまう材料か、その特質を見極める能力が表現を支援するものには必要であるともいっています（ローウェンフェルド　1963：57-64）。

　ローウェンフェルドの生きた時代とは違い、身の回りには絵を描くための道具が溢れ、私たちは子どもの発達の過程は一様ではないことを知っています。それでは、子どもの身近にある絵を描くための材料の由来と特徴を見てみることにしましょう。

① **クレヨン**

　日本では、山本 鼎(かなえ)（1882-1946）が1918（大正7）年に提唱した児童画教育運動の影響によって、クレヨン画が流行しました。当時、流行した輸入クレヨンを国内で製造し、それを教育に使用したことで普及しました。現在、子どもが使用する最も知られる描画材のひとつとなっています。

　クレヨンとは、ロウをたくさん含んだスティック状のものをいいます。クレヨン（Crayon）の語源は、チョーク（Craie）と小さい（on）の意味を表すフランス語で、初めはチョークなどを表す名称でした。アメリカでロウを練り固めた棒状の描画材として普及したものが、日本に輸入され、クレヨンという名称が広まっています。クレヨンはロウの分量が多いため透明感があり、硬く、線描に向いていることが特徴です。

② パ ス

　学習指導要領や教科書で位置づけられているパスとは、クレヨンより油分を多く含んだものをいいます。身近な名称であるクレパスは、パスの商品名です。メーカーによって他に、オイルパス、ネオパステルなどがあります。油分が多いため柔らかく、描き心地が滑らかで、しっとりとした色合いが特徴です。不透明で、重ね塗りや広い面を塗ることに向いています。

③ パステル

　パステルとコンテは、色の粉を精製して固めたものです。パステルは、イタリア語の「練り固めたもの (pastello)」に由来し、パスタの語源と同じです。パステルにはソフトパステル (軟質) とハードパステル (硬質) があり、その中間もあります。エドガー・ドガ (Edgar Degas　1834-1917) や、オディロン・ルドン (Odilon Redon　1840-1916) の作品が知られています。

　そのまま描くか、指、掌、ガーゼ、筆などでこすったり、押さえたりすることで、ぼかした表現を楽しむこともできます。完成後は専用の定着液で定着させる必要がありますが、好まない場合は、パラフィン紙やトレーシングペーパーで包み、静かに保存するとよいでしょう。

④ コンテ

　コンテは、考案者のフランスの科学者ニコラ・コンテにちなんで名づけられました。基本的にコンテは白、赤褐色、黒の3色です。使用法は、パステルと同様です。

⑤ 鉛　筆

　鉛筆は16世紀中頃イギリス、または18世紀末にフランスで誕生したという2つの説がありますが、初めは金属製のホルダーで黒鉛を挟んだものでした。その後、イギリスで中央に溝を掘った2枚の板の間に黒鉛棒を挟んだものが考案され、このアイデアがオランダから江戸初期の日本に伝わり、木筆と呼ばれて使用されました。

⑥ 色鉛筆

　本来は細い線を描く道具のため、そのもので混色はできませんが、線を並べ

たり、交差させたり、重ねたりすることで、視覚的に混色することができます。芯の先端をいかした点描や線描、斜めにすることで面描するなど、表現の応用範囲が広いことが特徴です。

⑦ **水彩絵具**

　一般的に子どもが扱う絵具として水彩絵具があります。私達が現在見ることのできるチューブに入った水彩絵具は、イギリスで1840年ごろに、ウィリアム・ウインザーが注射器のようなガラス製の絵具の容器を考案したものが基盤となっています。19世紀、近代工業の中心だったイギリスにおいて、その恩恵をもって水彩絵具は普及しました。イギリスは水彩画の拠点となり、イギリス人の画家が明治の日本の水彩画にも大きな影響を与えることになります。

　水彩絵具の形状には、チューブに入った練り絵具タイプ、半固形タイプ（パン）、固形タイプ（ケーキ）があります。日本では1950年頃から子ども用にチューブに入った練り絵具タイプが普及したため、半固形タイプ、固形タイプをみる機会が少なくなっていました。近年では、水を含ませた筆で絵具を溶かせば気軽に使用でき、携帯に優れているという利点から、反固形タイプ・固形タイプも教育用の絵具として普及しています。

　水彩絵具の種類には、透明水彩絵具、半透明水彩絵具（薄く塗ると透明に、厚く塗ると不透明になる）、不透明水彩絵具があります。原料はどれも同じで、色の粉とアラビアゴムという天然樹脂、グリセリンを主成分としていますが、その配分によって特性が異なっています。

　これらの絵具は、ガラスやビニール、ペットボトルなどの面に塗ることはできませんが、絵具に少量の洗剤を加えると界面活性剤の働きによって定着させることができます。

⑧ **筆**

　指に絵具やインクをつけて絵を描くこともできますが、その表現は限られたものになります。筆は、手の延長としての便利な道具といえます。画材を扱う専門店ではなくても、文房具を扱う店で気軽に筆を購入することができますが、その種類によって特性があります。

筆は、穂先に使用される毛の種類や穂のつくり、穂巾、穂丈によって、弾力性、耐久性、絵具の含みなどの性格が異なります。穂先には、豚、狸、牛、イタチ、馬、リス、マングース、アナグマ、鹿、羊、猫などの動物の毛や、ナイロン繊維が使用され、異なる種類の毛を組み合わせて用いられることもあります。子どもが水彩画を描くときに主に使用する筆は、毛の材質は羊毛や馬毛、ナイロン繊維などが使用され、軟毛筆の丸筆と平筆が用いられます。大きさと太さは、筆の柄の部分に「〇号」と数字で表示されていることが多く、数字が大きくなるほど太く、大きくなります。子どもが柄を握りやすく、穂先に弾力があり、絵具を良く含み、描き心地が滑らかなものを選ぶと良いでしょう。

　丸筆は、抑揚のある描線、濃淡をいかした表現に向いています。穂先のみを使うと細い線、根元まで使うと太い線を描くことができ、筆の角度を変えるなどしても表現が広がります。一方、平筆は、均一な描線やベタ塗りに向いています。筆の角度や向きによって太さを変えることができ、大きな面を均一に塗ることにも向いています。その他に、絵具を叩き込んだり、すり込んだりすることができる、穂先が平らで豚毛を使用したステンシル専用の筆や、穂先がスポンジでできているものなどもあります。

⑨ ペン

　ペンは、ラテン語の「羽根（penna）」が語源です。人は古くから葦や竹、茎の先を斜めに切り取ったものにインクや墨汁をつけて、筆記用具として活用してきました。紙に書かれた世界で最古の書物として有名な「パピルス・プリス」は、紀元前2600年のエジプトのもので、パピルス紙にインクで書かれています（ドラマール＆ギノー　2007：28）。現在では、すだれや割り箸などに墨やインク、絵具などをつけることで、ペン先に液体をつけて描く、特有の描法を気軽に楽しむことができます。

⑩ マーキングペン

　マーカーは、正確な呼称をマーキングペンといいます。速乾性に優れ、手を汚しにくく、摩擦に強く、他の描画材との併用がしやすいなどの利点が多く、身近な描画材となっています。一方で、耐光性に乏しいため保存に適さない、

キャップをきちんと閉めないとインクが揮発して使えなくなってしまう、ペン先の芯の太さで描くことのできる線の幅が定まってしまう、広い面積を塗ることに適さない、混色ができない、などの欠点もあります。ペン先にはフェルトが使用されていましたが、現在はナイロンやポリエステルが使われ、耐久性が向上しています。マーキングペンには、透明と不透明のもの、油性と水性のものがあります。

油性マーキングペンは、速乾性や耐水性に優れており、紙や布、木、ビニール、ガラスなどに描くことができます。第二次世界大戦後のアメリカで開発され、1953（昭和28）年に日本で商品化された油性マーキングペンは、キャップを空けると有機溶剤キシレンの強烈なにおいのするものでした。今日ではアルコールが使用されることが多くなり、以前のようなにおいを感じることが少なくなりました。但し、揮発性のインクを使用しているため、安全面の配慮として、換気をよくする必要があります。

水性マーキングペンは、1963（昭和38）年に日本で開発され、世界に広がりました。主に紙に使用するために開発されたため、滲まず、裏写りしない、無臭に近く安全などの特徴があります。一方で、耐水性に乏しい、広い面を塗ると紙が波立つなどの欠点もあります（森田　2004：37-107）。

⑪ **天然素材（土・砂・石・木・水など）**

フランスのラスコー洞窟の動物画に使われた黒色は、近くで採れた石で描かれたことがわかっています（ドラマール＆ギノー　2007：20-22）。紀元前から人は、色のついた天然の鉱石を地表で拾い集め、絵を描く材料としていました。

乾いた地面に水をかけると、その部分が濡れて色が変わるため、晴れた日に地面に水で絵を描くこともできます。土や砂地に枝などで痕跡をつける、木や石、葉っぱを地面に並べることでも描けます。私たちは身の回りの環境に働きかけることで、いつでも絵を描くことができるのです。

4. 子どもと芸術

1) 芸術による教育

　リードの著書『芸術による教育』は、日本の美術教育に今日でも示唆を与え続けています。リードは、芸術を教育の基礎とすべきであり、その教育には思考、論理、記憶、感受性、知性などのあらゆる能力が関係するとしています（リード　2001：18-31）。人間教育としての芸術の価値を唱え、造形と教育、心理などの諸分野を横断した言説として重要です。その後も、芸術活動の必要性と教科としての必要性を説いたエリオット・アイスナー（Elliot W. Eisner）、アメリカのDBAE運動の実践から美術教育に影響を与えているブレント・ウィルソン（Brent Wilson）など（栗山　2012）、子どもと芸術との関わりを大切にした教育が生み出されています。その中で絵画表現を支える描画材も、子どもに深く関わっています。

引用参考文献
- アイスナー, E.W.著、仲瀬律久他訳（1986）『美術教育と子どもの知的発達』黎明書房
- エフランド, A.D.著、ふじえみつる監訳（2011）『美術と知能と感性』日本文教出版
- 磯部錦司（2015）『子どもが絵を描くとき』一藝社
- ヴィオラ, W.著、久保貞次郎・深田尚彦訳（1976）『チィゼックの美術教育』黎明書房
- 大橋功 他編著（2011）『美術教育概論（改訂版）』日本文教出版
- 栗山裕至（2012）「海外の美術教育の潮流」辻泰秀監修・編著（2012）『造形教育の教材と授業づくり』日本文教出版
- ヴェールテ, K.著、佐藤一郎監修, 戸川英夫・真鍋千絵訳（1993）『絵画技術全書』美術出版社
- 佐善圭 編著（2013）『造形のじかん』愛智出版
- サクラアートミュージアム編, 清水靖子監修・執筆（2005）『クレパス画辞典』サクラクレパス出版部
- デルナー, M.著、ミュラー, H.G.改訂、佐藤一郎訳（1980）『絵画技術体系』美術出版社
- ドラマール, F.・ギノー, B.著、柏木博監修、ヘレンハルメ美穂訳（2007）『色彩―色

材の文化史』創元社
- 藤田雅也（2014）「描画における発達段階」辻泰秀編著『幼児造形の研究』萌文書林
- 益田朋幸・喜多崎親（2005）『西洋美術用語辞典』岩波書店
- 森田恒之監修（2000）『絵画表現のしくみ』美術出版社
- リード, H.著、宮脇理ほか訳（2001）『芸術による教育』フィルムアート社
- ローウェンフェルド, V.著、勝見勝訳（1956）『子どもの絵―両親と先生への手引―』白揚社
- ローウェンフェルド, V.著、竹内清ほか訳（1963）『美術による人間形成―創造的発達と精神的成長』黎明書房

響き合う身体を探る
子どもとともに在るために

林　麗子

1. はじめに

　よちよちと身体を左右に揺らしながら、まだ歩き始めたばかりだと思しき一人の女児が長い廊下のスロープを登り始めました。後ろから母親が腰をかがめて小走りで追いつき、女児の右手をつかまえますが、母親の心配を他所にその子は自信ありげな足取りでぐんぐん前へ進みます。突如、女児の眼差しははっきりと現前のあるものを捉え、一瞬動きを止めます。母親に手をつながれた女児は、顔を前へ、尻を後ろへそっと突き出しバランスを取りながら、からだの重心と意識を一心にそこへ向けます。母親もその視線の先を捉えようと前のめりになります。スロープの上から談笑しながらこちらに歩いてくる学生二人が親子の存在に気がつき、足取りをそっと柔らかくし、通りすがりざまに歩みをさらに緩やかにすると、女児の視線の先を同じく追いかけるのでした。

　これは、名古屋学芸大学ヒューマンケア学部Ｂ棟での光景です。子どもと子育て中の母親という存在が、大学生の溢れるキャンパスになじんでいます。学生たちは、ここで日常的に子どもとふれ合いながら、子どもの在りようにふれ、自分の中の「子ども」に出会っているのではないでしょうか。

　この学生たちこそ、共感性やコミュニケーション力が欠如していると多々いわれながら現代を生き抜く当事者たちです。かつて平井タカネら（2007，2008）は、情報技術の発達の中で、若者を中心に、世界の原点としての身体の意味が揺らいできているという鷲田（2001）の警鐘を受けて、保育に関わる大人側の問題として、どのような身体性が問われているのかを検討し、からだ遊びやボ

ディ・ワークなどの実践を通じて、自己の開放や自己存在への気づき、そして他者存在の受け入れがいかに導けるのかということを論じました。また、藤原智美（2006）は、ダイアローグ・イン・ザ・ダークという、光のまったくない空間を歩くイベントにおける自身の体験と、同じくその体験をした視覚障がい者の「現代人が柱のように気配がない」という語りを受けて、現代人が「他者性を欠如させた自己中心的な存在として君臨している」と言表しました。

　このように「他者性の不在」や「閉じた身体」が問題視され始めてからのこの20年弱の間に、情報通信技術は飛躍的に発展し、現代人のコミュニケーションを巡る事態はより複雑に深刻になっていると言わざるを得ないでしょう。実際、ある学生たちは丸テーブルを囲みながら、交わされる視線も動きも言葉もない中、各々携帯電話でネット上に共有された他者の写真を閲覧しています。またある学生は、人のあふれる廊下を、人と人の隙間に視線を定め耳にはイヤホンをはめ、肩幅を狭めながら早歩きで立ち去ります。冒頭の光景と同じくして、これは大学でよくみられる学生たちの姿です。他者はあたかも現前には存在せずネットの中に在るかのようにすらみえます。同時代を生きる者として、仮にも学生の言い分を代弁するならば、絶え間ない情報の渦に巻き込まれないように身体は閉じざるを得ないのだということでしょうか。

　しかしながら、学生たちも私たちも、子ども時代は周りの世界と共鳴していたのです。大人になると、コミュニケーションはそう単純ではなくなり、すべてには共鳴せず取捨選択するようになります。「乳児も、周囲の人々と相互に浸透し融合的であるがゆえに強力であった、初期の伝達能力を犠牲にして発達していかなければならない。(中略)「社会性」を身につける方向へではなく、周囲の人間と一体で「社会的」すぎることから、人々と離れて、〈ここ〉で動かない自分を確立する方向へ発達しなければならない」（やまだ　1987：74）。逆にいうと、自己をある程度確立しつつある学生たちは、子どもと出会うために、子ども時代の「伝達能力」を取り戻す必要があるとまではいわないにしても、そのときの在りように身を浸す体験をしてみてもよいでしょう。

　このような想いから、筆者は、保育者をめざす学生と、他者や環境に対して

身体が「ひらく」という体験を共有したく、さまざまなからだ遊びやボディワークを行っています。筆者自身がまずは心身をひらいて、参加者とともに場をつくります。常にうまくいくわけではないですが、参加者全員で場を共有できた感覚を得たときというのは、遊びきったときの感覚ととても似ています。

一方、筆者のそのような企てとは裏腹に、学生たちは、実習やボランティア、あるいは冒頭のように学内で、子どもと関わる体験をすると、子どもに「出会って」かえってきます。世界にすっと溶ける子どもの在りようが私たちの身体に響くとき、身体は自ずと開かれるようです。ただ、私たちの心身にある種の身構えができていないと、「出会えずに」終わってしまうこともあるのです。子どもと響き合える身体とは何なのでしょう。

本稿では、子どもたちと響き合える身体を探るべく、まず、子ども時代のからだコミュニケーションの様相について述べ、次に、それらを念頭に置きながら、大学の授業での試みや、障がいのある方との身体表現活動を事例として挙げ、子どもと響き合う身体について考察を試みたいと思います。

2. 乳幼児期のからだコミュニケーション

1) 母親と乳児との共振ダンス

「おしゃべりしましょ」（2015年4月、Kと母親の映像記録より）
　月齢2か月のKくんは、仰向けに寝転んで、うーうー、あーあーと声を出します。母親はKの正面から顔を近づけると「（リズミカルに）Kくん、おしゃべりしましょ」と言いながら、Kのほっぺをツンツンと人差指でつつきました。Kは舌を少し出し、体側にあった両手をびくっとお腹の上へとのせますが、声は発しません。母親は、「うーう？あーあ？」とKの反応を待ちながら、「Kくん、ちゅっちゅっちゅー」とリズムに乗せて、ほっぺをツンツンツンとつつきます。Kは両手をばたばたさせながら「うっ、うっ、あー」と言うとその一声一声に母親が「うっ、うっ、あー」と重ねます。Kくんはさらに「あーあー」母親は「あーあー、そうだね、あーあー」と返しながら、言葉のリズムに合わせて頭をゆっくり縦にふります。

このように母親は、日常のトーンより高く、抑揚と変化をつけ、リズミカルに繰り返し声をかけますが、母親の声や動きのリズムと乳児のそれとは同調しているということが多くの先行研究から示されています。そして、母子に限らず、話し手と聞き手は、声や動きのリズムを互いに惹き込み合いながら、同調的でリズミカルな動きをするといわれます。さらに興味深いことに、母親は、乳児の声や動きに対して、常に同調的に応答するわけではありません。

> 「ハッハッハックショーン」（2010年10月Rの観察記録より）
> 　月齢6か月のRちゃんは、抱っこ紐で母親に抱かれています。偶然にも、母親が「ハッハッハッ、ハックショーン」とくしゃみをすると、「ケラケラケラ」と笑い出しました。母親はそれにつられて、何度も、わざと「ハッハッハッ……」とRちゃんを揺らしながらあやします。母親の声が一瞬なくなると、Rちゃんは「あれ？」とでも言いたいのか、笑顔が止み、次の「ハックショーン」が来るのを待っています。母親はそんなRちゃんとの一瞬の「間」を楽しみながら、何度も「ハッハッハッ……ハックショーン」を繰り返し、Rちゃんは大喜びするのでした。

　この事例からは、互いに間合いを合わせるだけでなく、時にはずれたり、はずしたり、ずれを楽しみながら遊ぶ様子が伝わってきます。このやり取りをミクロレベルで解析してみると面白い結果が出るでしょう。おそらく、母親の一瞬の頬や眉間のこわばりは、それまで自分に降り注がれていた刺激のシャワーが突然止まったかのように乳児に伝わり、乳児は微動をやめて母親を凝視し、その乳児の視線と身体の緊張が次なる母親の呼吸に間をおかせ……というように瞬間、瞬間毎に、一方は他方に影響を与えながら、同時に自分の呼吸や内的状態を調整していることでしょう。このような身体的な交流は、言語的なやり取りとは異なり、迅速的、非意識的、暗黙的に起こります（ビービーら　2008：9-14）。重要なことに、これが人と関わる力の原点となるのです。さらに、ケアの根底にはこのような暗黙的で双方向的な身体の応答があるといえます。
　そして、二つの事例のように互いの間合いを楽しむ両者は、能動でありつつ受動であり、受動でありつつ能動であるというような「まさに能動と受動が交

差する事態」(鯨岡　1998：30) にあります。乳児と母親が互いのリズムにふれるとき、二人はその時々に「なじむ／なじまない」体験を積み重ねて、互いに身体をなじませながら心地よさを見出しているようです。

　野村雅一 (1983：49-50) は、インドネシアのバリ島における育児慣習を例に挙げ、伝統社会の習俗にみられる「なじむ」という接触感覚による非意思的経験の積み重ねが人々の同調能力を結果的に高めていると論じています。乳児は母親の揺らぎのある生命リズムに身を浸し、揺らされ語られあやされるリズムにふれ、流れや繰り返しのある自然現象など外界のさまざまなリズムに出会い、なじみながら、やがて自らの内に多様なリズムを生み出していきます。それは、帰属する文化や社会になじむことはもちろん、まるで「時間の中でかたちを変え、成長していくものの秩序や法則」(矢野　2014：250) を予感し、「なじまない」ものにさえ、「なじむ」ための身支度をしているとようにみえます。

　ここでの事例は母親の誇張的な表現に始まる遊び場面ですが、日常的な場面においても同様に、ずれと一致を繰り返しながら相互にリズムを調整しています。そして、ずれという隙間があるからこそ、乳児は母親からゆるやかな分離を体験し、自分と母親が別の存在であることに気づき、自己を確立していく能力を身につけるのです (ウィニコット　1979：13-14)。

　子どもにとって、遊びそれ自体の必要性はもちろんのこと、一緒に遊んでくれる人の存在は重要です。「『遊び』とは、そもそも大人と子どもの狭間に発生する現象で、大人が幼い子どもとコミュニケートする際にとる態度が、『遊び』の故郷」(麻生　1994：59-84) であるといえます。遊びを通して、大人は、子どもと「いま、ここ」の世界を共有し、ある種の信頼に満ちた関係を一瞬にして結ぶことができるのかもしれません。

2) 子ども同士のコミュニケーション

　さて、遊ぶ相手が大人ではなく子どもの場合、コミュニケーションの様相は変わってくるようです。次のような場面は、公園や保育室でよく見られます。

> 「おばけちゃーん」（2016 年公園での観察記録より）
> 　年少児のＴくんとＡちゃんは、地面の砂に指で絵を描いています。同じく年少児のＤちゃんが走ってきて、Ｔくんの背中をトントンと叩きながら「おばけちゃーん」といって、小走りで去っていきました。すると、Ｔくんも同じリズムで「おばけちゃーん」と言いながらＤちゃんの後を小走りで追いかけていき、さらにＡちゃんも「おばけちゃーん」と同じような軽い足取りで追いかけていきました。

　子どもの動きや声は、特にそれが日常的ではない遊びのリズムを伴うとき、よく伝染します。子どもたちは、まるで鳥が一斉に飛び立つように、同じリズムで生き、同じ呼吸で弾むという「からだの共生性」(竹内　1983：18-40) を持っているのではないかといわれます。この事象は、子どもが歌や踊りを見事に真似することからも示され、子どもにとって「真似」は、身振り手振りを一々記憶することではなく、他者の動き全体がまるごと自分のからだに移ってくるということであり、伝承的なわらべうたも、からだ全体が共通のある状態に入った時に、共通のリズム、共通のメロディでからだが動き、声が発せられるということから始まったのだろうと述べられています (竹内　1983：23)。

　また、須永美紀 (2007：39-73) は、乳児院での継続的なフィールドワークを通して、乳児同士のかかわりの構築には、大人との場合とは異なる過程があることを明らかにしました。ある乳児が別の乳児とかかわりを構築していく過程の原初的な形に、自分自身のもつ周波数と同じ周波数に振動し同じ動きをするという「共振」があるとして、乳児は「人」や「モノ」に共振するのと同じように「場面」に共振することがあること、共振の基盤にはからだがあることを示したうえで、乳児期は最も他者に開かれている時期であるとして、乳児保育の意義を再考する必要性を説いています。このような乳児期の共振というコミュニケーションの原型が、先の事例のように、子ども時代にも生き続けているのだと考えてよいでしょう。

3) 世界と一体になる

> 「落ち葉と舞う」(2015 年 11 月の育児記録より)
> 　紅みを帯びてきた葉と風に舞い落ちる葉が道端に彩りを寄せ始めた季節。1歳9ヶ月のKは外で、道端に落ちている石ころやどんぐりを拾っては転がして遊んでいます。風が吹いて、地面に屈んでいるKの視界に一枚の落ち葉がケラッケラッケラッと動いていくのが入りました。Kはじーっと見入っていたかと思うと立ち上がり、飛んでいった落ち葉の方へ「はぁーっ」と叫ぶように大きな声を挙げながら、道路を駆け出しました。

　このときKは、落ち葉になっていたようにも風になっていたようにも見えます。風に舞う落ち葉の動きに魅せられ、一瞬にして自分が感受した世界へと融合した様子がうかがえます。そして、通りすがりの大人はそのような子どもの姿につい微笑んでしまうようです。矢野智司 (2014：42-264) は、世界と自分との境界線が溶けてしまい、我を忘れて世界と一体となっているような体験を作田 (1993) の言葉を借りて「溶解体験」と述べ、教育における「経験−発達」の次元とは別の「体験−生成」の次元としてその重要性を論じ、言語化することが困難なところにこそ体験の優れた価値があるといいます。そして「深く体験することによって、自分を遥かに超えた生命と出会い、有用性の原理に基づく人間関係とは別のところで、自己自身を価値あるものと感じることができるようになる」と述べます。このような体験は、子ども時代はもちろんのこと、大人になった私たちにおいても意味深いものなのではないでしょうか。

　難しいことに、他者や世界を深く感じ入ることと、自己感をもつこと (あるいは世界との境界を保つこと) とのバランスの不和は時に病理として意味づけられます。村上靖彦 (2008：8-12) は、自閉症であった D. ウィリアムズ (1992：26) の自伝から次の箇所を引用し、多くの高機能自閉症をもつ人がこの体験を美しいものと表現し、さらに、定型発達の人においても、条件が揃えばこれと似た美的触発の世界が成立すると述べています。

　「しばらくすると私は、自分が望むあらゆるものに一体化できるようになった──例えば、壁紙やじゅうたんの模様、何度も繰り返し響いてくる物音、自分

のあごをたたいて出すうつろな音などに。」

　子どもが他者と共振する、世界と溶解する姿に私たちが見入られてしまうのは、かつて手にしていたけれど今は失ってしまった術をどこか懐かしく羨ましく見ているということなのかもしれません。

3. 身体をめぐる考察

1) 存在を感じるということ

　大学の授業では「周囲の人間と一体で『社会的』すぎることから、人々と離れて、〈ここ〉で動かない自分を確立し」（やまだ：前掲）はじめた学生とともに、子どもと響き合える身体を探るべく、遊びに没頭する体験とともに、自他の呼吸、身体の緊張／弛緩、生気性を感じるワークを行っています。

　例えば、呼吸を感じるワークについて紹介しましょう。まず、床に仰向けになり、自分の身体に意識を向けて—床にふれている部分や身体の各部位が、温かいのか冷たいのか、力が抜けているのか緊張しているのかなどと口頭で伝えられながら—身体のこわばり／ゆるみ、冷たさ／温かさなどを感じ取っていきます。次に、呼吸のリズムや深さ、呼吸の際に身体のどこが動いているか、どこから息が入りどこを通っているか、などに意識を向けます。このまま3分程、内なる自然のリズムに気づくための時間を過ごします。続いて、ペアの相手が、仰向けの人の横に静かに座ります。仰向けの人は、その際に自分の呼吸に生じる微細な変化に意識を向けます。座っている方は、仰向けの相手の呼吸を静かに観察し、時折、自分の呼吸にも意識を向けるよう促されます。ワークの最中の感じ方や気づきに、正しいとか間違ったという答はなく、各々の感覚を大切にします。学生が記述した感想や気づきをいくつか紹介します。

「呼吸を感じる」（2017年の授業における学生の感想より）
自分の呼吸を感じてみて……
　・「無」になって、生きているという感じ、心地よい。

> - ペアの友だちにみられると、呼吸が不規則で浅くなったように感じた。
>
> 他者の呼吸を感じてみて……
> - 相手の呼吸をみる、感じることは初めてで、不思議な感じ。いつのまにか自然と相手に呼吸を合わせていた。
> - 自分は胸のあたりが動いていたが、相手はお腹あたりがもっと大きく動いていたように感じた。相手の呼吸と自分のとは全然違う。
> - 人は一人でいる時間も他者と過ごす時間も必要だと感じた。
> - 非言語的なものの持つ力におどろいた。他者の存在があるだけで、空気感の変化をよく感じることができた。言語をコントロールできるようになって忘れていた感覚のように思う。

　自分の呼吸や身体感覚に意識を向けることで、「生きている」自己を感じ、さらに現前の他者の呼吸を感じることで、自分とは分離した存在として生きている他者に気づくようです。私たちがケアの場で出会う人も同様に、その人の呼吸、その人のリズムで生きている別個の他者なのです。この気づきは、次に述べるような、人が人と「本当に」出会うための入り口になると考えます。

2) 本当に、出会うということ

> 「子どもに出会う」(2018年の授業実践より)
>
> 　授業の一環で、大学の子どもケアセンターにおいて、2年生の学生が乳児と母親10組ほどを対象として、遊びの実践を行ったときのこと。学生同士で乳児の発達過程や興味・関心から遊びの内容を考え、リハーサルも何度も行いました。
> 　いよいよ本番、緊張しながら、頭の中で何度も繰り返した台詞の冒頭「こんにちは！今日は…」を声にしたとき、そう話し始めた学生に、一人の男児が注視して近寄ろうとしますが、両脇に入れられた母親の手によって動きを止められ、学生もそれに気がつきました。すると学生はすっと屈んで男児に目を合わせて微笑み、両手を広げその子に近づくと「あー」と男児の頭をポンポンとなで、その学生と男児の様子をじっと見つめている隣の女児にも気づき、その女児に視線を向け、手を伸ばします。そして「楽しみにしてくれてるのかな……、今日はね……」と語り始めました。学生が現前にいる子どもの息づかいにふれ得た瞬間でした。

> 　その後、20分ほどの親子のふれ合い遊びの時間を提供しましたが、終わって部屋を後にするときの学生の表情には自然な笑みが溢れ、身体の緊張も解け、親子に口々に「ありがとうございました」ともらしていました。

　筆者が学生の頃に老人保健施設で定期的なレクリエーションを行っていたときの体験が思い出されました。参加者の様子がみえる位置に座り、深呼吸をして、一人ひとりの佇まいを感じたとき、「ここに来てくださって、ありがとうございます」という言葉が自ずとこぼれ出ました。それまで毎週会っていたけれども、本当の意味で「出会って」いなかったことに気づかされました。

　当然のことながら、保育者として、教育的な意図や配慮のある関わり方や援助の方法を考えることは重要です。そのうえで、ともに生き生きとした実感を共有できるときというのは、目的や立場とかを少し脇において、身体が自然と応答しあっているときなのではないかと思うのです。身体は嘘をつけないので、技能も人間性にも未熟さはにじみでますが、子どもとともに遊ぶ、ともにそこに在ることができれば、そこから生まれるものがあります。「子どもを抱いているとき、早く下ろそうという意識でいると、その「時」には内容がなくなってしまう。一緒に親しみたのしむ時という風に意識を変えると抱いているその時はかかわりの重要な一こまとなる。私が「いま」を生きていないから、子どもが満足せず、泣いたり、注意を引く行動をする」(津守　1997：291-292)。

　さて、大学では、こうして子どもとともに生き生きと遊ぶことの重要性を説きながら、家に帰ると疲れ果て、遊びつづける息子の傍らでともに遊ぶことはもちろん、眠る前のお話もままならず転寝してしまうことがあります。そんなとき「ママ、おきて。Kくんはママにおはなししてほしいの。おはなししてくれないと、Kくん、かなしい」と迫られます。ありったけの想いを込めて紡いだ言葉の力強さと、想いがこぼれおちるかのように言葉の節々からもれる息、慌てて目を開けると、私の眼前に座り目に涙を浮かべながら、4歳の息子が全身全霊でそこに在ります。ごめんね、という気持ちとともに、人に向き合うということの本質がそこに詰まっていて心揺さぶられます。劈かれた言葉と一体

となって在る身体を目の前にして大切なことに気づかされるのです。

　子どもをケアする保育者は、専門家でありながらその専門性を超えて、現前の子どもに、本当に、出会えるかということが試されているのではないでしょうか。ただ人として在ることができるかどうかということが。

　「ケアがケアでありうるのは、なんらかの目的や効果を勘定に入れない、つまりは意味を介しないで条件なしで『ともにいる』こと、つまり『時間をあげる』ことのなかであった」(鷲田　1999：206-207)。

3) つながりがうまれる

　ここからは、これまで述べたような「あなた」と「わたし」という二項関係ではなく、二項関係を前提としてさらに複数の関係や集団力学が生まれる場を取り上げてみます。大学で担当している遊びや表現に関する演習授業では、40数名を1クラスとして受け持つことが多く、学ぶ内容や目的に応じて、クラス全員での活動や、グループ単位の活動となります。

　あるクラスにおいて、筆者と「学生たち」、また学生間で、何か響き合わないと感じることがありました。省察して気づいたのは、筆者が学生を一括りにして「学生たち」と捉えていたことです。先述した意味において、個々の学生に、本当に、出会っていなかったのでしょう。以下はその時の事例です。

「つながりがうまれる」(2017年の授業実践より)
　基本に立ち戻り、授業の最初に、いつも以上に一人ひとりの顔をみて、名前を呼んで声をかけ、声や表情、しぐさや反応を受け取ります。すると、名前を呼んでも反応が遅かったり、声の返事はあるけれど目が合わず伏し目がちであったり、「三角すわり」をして両手で膝を抱えその上に頭をおいていたり…という学生たちの姿が見受けられます。そのような心身の状況はクラス全体に蔓延し、全体として活性度の低い雰囲気を醸し出しています。
　そこで、皆でその場に寝転び、ストレッチや深呼吸などをして10分ほど心身をほぐします。起き上がると、全員で一つの円になり、「yes game」という即興劇で用いられるワークを始めます。まず、筆者が学生のなかの一人を見ます。互いに目が合ったと確信が持てたら、大きく頷きながらその学生に「片手を挙げ

て」と言います。続けて、手を挙げた学生に「誰かをみて」と伝え、その学生は別の学生に視線を送ります。視線を送られた学生は「え？」と言いながら、視線を送った学生と筆者とを交互に見るので、「そう、〇〇さんと目があったよね、手を挙げようか」と伝えます。こうして、視線を送り合うゲームが始まります。すぐにはスムーズに進まないので、その都度、声をかけながら、徐々にテンポよくしていきます。さらに慣れてくると、視線を送った相手が手を挙げたら、その子の元へ歩いて移動する、という動きを加えます。勘違いや照れなどで途切れることもありますが、場があたためられると、そんな切れ間も笑いながら共有するようになります。そうして、輪のまま手をつなぎ、ひっぱりあったり、押し合ったりして遊んだ後、この日の授業テーマに基づいた表現遊びへと向かいました。

　筆者と学生、そして学生同士が、視線や動きを応答し合うことを通して、最後には、「場」が共有され、「場」自体が主体となっています。「『場』が主体となるとき、見る主体と見られる対象、という区別はなく、参加者は相互に見るものであり、見られるものであり、他者の視線は評価のためにあるのではなく、共感のためにある。(中略) 場の全体が生命体として動き、個人はその一細胞であることに快感を覚える」(尼ヶ崎　1999：79) ように、個々が各々の流儀でそこに在りながら、圧力となるような同調ではなく、ゆるやかにつながり合い、その全体の中に在ることを心地よく感じられたのでしょう。

　場を共有するために、このとき初めに身体を緩めたこと、皆で輪になったことにも意味があります。まず、身体を緩めておくことは、世界と響き合い、他者身体を感じるために重要であるといえます。それを裏付けるものとして、精神生理学的手法による筆者の先行研究 (林　2011) では、乳児の映像を観るという実験課題を用いて、共感性の高い人ほど、副交感神経の活動が優位な状態で、また開放的な態度で観察に挑み、観察時には心拍活動が亢進することが明らかとなりました。心身を緩めて他者に向き合うことが、他者身体を感じ、共感することにつながるということなのです。また、円環とは「完全、全き世界」であると同時に「閉じられていること」を意味し、伝統的な輪踊りにおいて、円の中心は人々の想いが凝縮して反映され、神や仏が君臨する聖なる場所であり、円環のもつ完全性と閉鎖性の中で、人々は強い「縁、えん、えにし」で結

びつけられ、守られていることを実感するものだといわれます（平井ら 2006：47-48）。

個々のからだがゆるめられ、他者身体をうけいれる隙間がつくられると、個々の身体は応答し合い、表現が絡み合いながら、新しい表現が生まれます。こうして、私たちの身体は、多様性という次なる段階に拓かれていきます。

4）多様性のある場を創る

次の事例は、障害のある中高生と保育者をめざす学生、地域の高齢者とともに、大学で5日間の身体表現ワークショップ（以下、WS）を行ったときのことです。WSでは、授業展開と同じく、心身をほぐし個々の関係をつなぎ、表現がうまれる土壌を耕すことに時間を丁寧に費やしました。二日目には、「繊細な感覚を味わう」をテーマに金色の細い絹糸を用いたワークを行いました。

「異なる感性に出会う」（2008年身体表現WSの記録より）

　グループ創作を行っている途中、ある一人の参加者が床に伏して、動けなくなりました。彼のグループメンバーは、自分たちで考えたテーマで動きを創作していましたが、動けずにいる彼に対して、初めは「一緒にやろう」と働きかけますが、彼は床にひれ伏した状態のまま共に踊ろうとはしません。その後、グループ毎に創作発表を行っていきますが、彼は「参加」しません。ただ、彼のグループは発表の際、ひれ伏した彼の存在をそのままそこに在るものとして空間をつくり動き、観ている他のグループの人たちも、彼を含めてその場をみて、受け容れているようでした。WS最後にはいつも参加者全員で輪になり、シェアリングをします。そのとき、ようやく彼は両手で身体を支え、身体を起こすと、うつむいたまま自分の足で輪の中に入り、背中をまるめて胡坐をかいて座りました。参加者は一人ずつ感想を述べた後、彼と同じような姿勢で、どれくらいでしょうか、沈黙を共有しました。ぽつり、ぽつりと彼から言葉が発せられました。となりに座っていた参加者が、彼の言葉を一つ一つ丁寧に聴き、代弁してくれました。「悲しくなって、動けなくなった」ということでした。動けなくなった彼は、この日のテーマであった絹糸の繊細さ、この日流れた音楽の波長を、敏感なほどに感受し、どうしていいかわからない程に悲しくなり、動けなくなったということでした。

彼には障がいがあり、ここでの出来事とその事実との関連は少なからずあったでしょうし、そのことを参加者は暗黙に理解しているようでしたが、それはただそれだけのことでした。それ以上に、物事にここまで感じ入ることのできる彼のありように、他の多くの参加者は、深く感銘を受けました。特に、ケアを専門的に学んできた学生は、障がいのある方を、それまで「ケア」の対象として捉えていましたが、これをきっかけとして「障がい」の捉え方やケアについての考え方が変わったと話をしてくれました。本論からは外れますが、このような場でこそ、表現を促すファシリテーターの役割が問われます。個人の「感じやすさ」が結果的に当人を傷つけてしまうのではなく、それが表現への契機となって、想いを発散、昇華させ、他者と共有できるような場を創るために十分な配慮と工夫を臨機応変に施さなければならないと学ばされた経験でした。

　以上のような体験に裏打ちされて、保育者として、さまざまな身体表情をあらわす子どもを受容し応答的にかかわるため、さらには、一人の人間としてさまざまなものに心身をひらくために、身体をひらき、他者のリズムや周りの世界に出会い、身をなじませる体験は必要であると、今、ためらいなく言うことができます。さまざまな出会いのさなか、それでもなお、なじまない、はあっていいとも思います。なじませよう、あるいは、なじまないでおこうとしているうちに、新しいリズムが生まれるのでしょう。そして、魚は水の存在を知らないように、なじまない他者やもの、場所にこそ、新しいものが創出される可能性が、己を知り新生させる契機があるのかもしれません。こうして「なじまない」と「なじむ」を楽しんで行き来しながら、多様性を認められる人、多様性のある場を創ることのできる保育者になっていくのではないでしょうか。ここで「なじむ」という言葉を多用しましたが、それは「穏やかで長時間かけた浸透プロセスを意味する」とやまだようこ（1996：60）が、身体的で「非意思的な経験」だと野村雅一（1983：49-50）が述べたように、人が育つという長い過程とそこにある瞬間、瞬間の身体的なかかわりを想うがゆえです。

　ここまで考察してきたように、子どもと響き合える身体とは、子どもという

存在と別の身体で存在しながらも、子どもの生にふれることができる身体であります。そのためには、心身の緊張をゆるめて、心と身体が分断されずつながりながら子どもの現前にあること、子どもの動きや息づかいをありありと感じること、多様なリズムに身をなじませることが必要だといえるでしょう。

4. 終わりに

　子どもとの関わりやそれを巡る考察、ことに子どもと響き合うことを通して、その子どもへの理解はもちろんですが、新たな自分や人が人と生きることの意味など、多くのことに気づかされます。保育者をこころざす、人間理解を深めたい私たちにとって、子どもは学ぶ「対象」であると同時に、「子どもと」学ぶ、「子どもから」学ぶことが多いのだといえるでしょう。

　子どもと響き合う身体について、実感とともに学生と考察するためには、私自身が学生に向き合う身体がオープンであることが求められています。「〈臨床〉とは、ある他者の前に身を置くことによって、そのホスピタブルな関係のなかでじぶん自身もまた変えられるような経験の場面」(鷲田　1999：135)であるという言葉の意味をかみしめ、保育者養成という「臨床」そして今生きている日常に身をおきたいです。

引用参考文献
- 麻生武 (1994)「遊び」岡本夏木ら編『幼児の生活と教育』岩波書店
- ウィリアムズ, D.著, 河野万里子訳 (1992)『自閉症だったわたしへ』新潮社
- ウィニコット, D.W.著、橋本雅雄・大矢泰士訳 (1979)『遊ぶことと現実』岩崎学術出版社
- 鯨岡峻 (1998)『両義性の発達心理学』ミネルヴァ書房
- 須永美紀 (2007)「「共振」から「共感」へ」佐伯胖編『共感―育ち合う保育のなかで』ミネルヴァ書房
- 竹内敏晴 (1983)『子どものからだとことば』晶文社
- 津守真 (1997)『保育者の地平』ミネルヴァ書房
- 野村雅一 (1983)『しぐさの世界―身体表現の民族学―』NHKブックス

- 林麗子（2011）「他者観察における共感プロセスに関する精神生理学的研究」奈良女子大学大学院人間文化研究科博士学位論文
- ビービー，B.ら著，丸田俊彦監訳（2008）『乳児研究から大人の精神療法へ―間主観性さまざま』岩崎学術出版社
- 平井タカネら（2006）『ダンスセラピー入門―リズム・ふれあい・イメージの療法的機能』ミネルヴァ書房
- 平井タカネら（2007）「日々を生きるからだコミュニケーション」日本保育学会第60回大会自主シンポジウム
- 平井タカネら（2008）「日々を生きるからだコミュニケーション（2）からだを通じた受容感を味わうために」日本保育学会第61回大会自主シンポジウム
- 藤原智美（2006）「消えゆく他者」『アンジャリ』11（巻頭記事）
- 村上靖彦（2008）『自閉症の現象学』勁草書房
- 矢野智司（2014）『幼児理解の現象学―メディアが開く子どもの生命世界』萌文書林
- やまだようこ（1987）『ことばの前のことば』新曜社
- やまだようこ（1996）「共振する身体」菅原和孝・野村雅一編『コミュニケーションとしての身体』大修館書店
- 鷲田清一（1999）『「聴く」ことの力―臨床哲学試論―』TBSブリタニカ
- 鷲田清一（2001）「不安な身体」『読売新聞』2001年11月9日

小学校の入学を楽しく迎えるために
子どもと保護者の気持ちに寄り添って考える

想厨子　伸子

はじめに

　幼稚園や保育所および認定こども園などの幼児教育・保育施設（以下園と記す）で、毎月行われる誕生会には、その月に生まれた園児が仲間の前、あるいはホールの舞台の上に立ち、他の園児や先生から「おめでとう」と祝福されます。ひとつ大きくなることは、子どもたちにとってこの上もない喜びです。そしてさらに大きくなることへの憧れを膨らませてくれることが、1年生になって小学校に行くことです。園では秋を迎える頃から年長組の子どもたちの間で「おじいちゃんにランドセルを買ってもらった」「私のランドセルはピンク色」「今日ぼくの家に机が来る（届く）」といった声が聞かれるようになります。机に向かって本を広げたり文字や数字を書くことを「勉強する」と言い、「僕たちは春になったら1年生になって学校に行くからね」「勉強するんだよ」と得意げに年少児に話している子もいます。10月過ぎからは各小学校で行われる就学前の健康診断に出席する機会もあり、多くの年長児は学校に行くということに大きな期待を持ちはじめるのです。

　しかし卒園間近になると、慣れ親しんだ園と離れなくてはいけないという寂しさも相まって、期待とともに不安も膨らんできます。お母さんやお父さんも学校教育を取り巻くさまざまな情報を耳にするにつけ「わが子は小学校生活を楽しんで過ごせるだろうか」といった心配事が胸をよぎります。特に第一子の場合はなおさらです。

　園と小学校との連携における取り組みは、各地で幼保小のコミュニティーづ

くりの実践を行っている例や幼保小接続のカリキュラム編成を行っている例、地域で幼小中高大連携の取り組みを行っている例など、保育者と教師・研究者や地域との連携によってさまざまな取り組みが報告されています。しかし、当事者の子どもの気持ちを反映した保護者の悩みや願いなどについてはまだ十分触れられてはいません。そこでこの章では、日々子どもたちに寄り添っている保護者への調査を参考にしながら園を巣立つ子どもたちが「小学校」という新しい世界で自分の居場所を見つけ、楽しい日々を過ごせるようにするには、家庭や園でどういった取り組みが大切なのかについて考えてみたいと思います。

1. 入学前後の家庭では

1) 入学後のわが子の姿で楽しみにしていることは

図6.1は、ある幼稚園の卒園を前にした年長児の保護者を対象に「我が子が一年生になるにあたって、保護者としてどんな姿を見るのを楽しみにしているか」についての調査結果です。これによると「新しい友達が増えていく姿」、次いで「知識や技術を身につけていく姿」を楽しみにしているといった回答が多く、どちらも80%を越えています。この調査から、保護者はわが子が今までとは違った世界で、新しい友だちと楽しく勉強や遊びをし、知識や技術を身につ

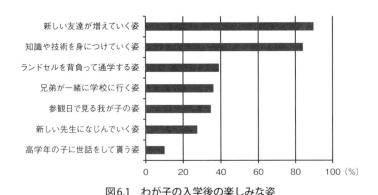

図6.1 わが子の入学後の楽しみな姿

出所：A幼稚園 年長児の保護者89名の調査より（複数回答）2012年12月

けていく姿を見るのを心待ちにしていることがうかがわれます。

2）心配なこと・不安なこと

　しかし、今まで馴染んだ園を巣立ち、保護者が頻繁に様子を見ることができないと思われる小学校生活には多くの不安もあります。

　図 6.2 は、図 6.1 の調査と同じ保護者に「わが子が小学校に入るにあたって心配なこと」を調査した結果を示したものです。小学校にお兄さんやお姉さんがいるので特に心配はないという人も多いのですが、心配事の中で一番多いのが「登下校中の交通事故」（42%）、そして「友達関係やいじめ」、「自分の物の管理ができるか心配」という回答が続きます。

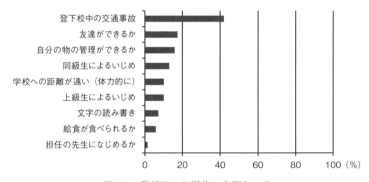

図6.2　我が子の入学後に心配なこと

出所：A 幼稚園　年長児の保護者89名の調査より（複数回答）2012年12月

　通園バスや車あるいは徒歩など、大人と一緒に通った園とは違い、小学校は基本的に自分の足で歩いて登下校しなければなりません。その間は常に友だちや上級生と一緒というわけにはいかず、当然一人で歩く箇所もあります。新聞やテレビ、インターネットなどから交通事故のニュースや不審者情報は頻繁に知らされ、子どもが無事に帰って来られるかと保護者は不安な気持ちになることもあります。

3）入学前に 家庭でやっておいて良かったことは

A幼稚園では、年長児の12月に保護者を対象に入学準備として家庭で取り組んでいることを調査しました。そして1年後の翌年12月に1年生の子の親となっている同じ保護者に「幼稚園の頃に家庭でやっておいて良かったこと」を調査したものを一緒に表してあるのが次の図6.3です。

入学前の段階で、家庭で「文字の読み書きや足し算・引き算を親子でやっておく」「自分の持ち物の管理を自分で行うようにする」「親が絵本の読み聞かせをする」などは、おおよそ1年後にそれを「やっておいてよかったこと」と一致しています。

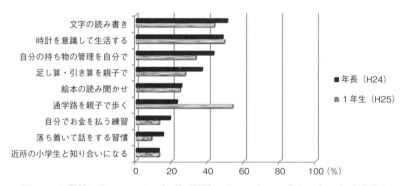

図6.3　入学前にやっていること（年長児）・やっておいて良かったこと（1年後）
出所：A幼稚園年長及び・1年後の保護者調査　2012年12月・2013年12月

一方で、「通学路を親子で歩く」ことは入学前より入学後の調査で多くの保護者が「やっておいて良かった」こととして答え、入学してからその必要性をより感じたことがわかります。図6.2で多かった「登下校中の交通事故」などの心配事についても、入学前に親子で一緒に歩く中で車の往来の激しい箇所の歩き方や横断歩道の渡り方などの話をすることで、ある程度解決できると思われます。子どもが見通しをもち、安心して通学できるようにすることの大切さがこの調査でわかります。

また、この図では「時計を意識して生活する」習慣をつけておくことは小学

校に入ると必要であると保護者が感じていることがわかります。時がたつのも忘れて夢中になって遊びに集中する力はもちろん大切ですが、社会生活の基礎を学ぶ場でもある学校教育では、時間を目安にして授業や活動が組まれています。園でも「時計の長い針が6になるまでに給食を済ませて遊ぼう」などと大まかな時間の流れについて保育者が提示しています。家庭でもそういった大まかな流れで良いので、時間を意識して生活することを心掛けていくことが、小学校になった時に自分のペースで行動することの基礎に繋がると思われます。

　また、自分の家庭ではやらなかったが入学前にやっておけば良かったこととして、保護者からは自由記述の欄で次のような項目が挙がっていました。

やっておけばよかったこと

・ボール投げなど外遊びや通学で疲れない体力作り
・最後まで話をしっかり聞く習慣をつける
・自分の思いをしっかり話す習慣をつける
・早寝、早起き、身の回りの片づけ等の生活習慣をつける
・近所の同年齢や異年齢の子どもたちとの交流をする

写真1　ウキウキ新1年生

　以上のアンケート結果や自由記述の保護者の声から入学前の家庭の取り組みとして、下記の点が大切であることがうかがわれます。

家庭で大切にすることは

　幼児期は日常的に親の保護のもとにあり、子どもが言おうとすることも「こういうことね」などと親が先に話してしまったり、「転ばぬ先の杖」を急いで出すことを無意識にしてしまいがちです。しかしそれは子どもの自立の芽を摘んでしまうことにもなりかねません。虫や草花を眺めていても、子どもが「面白い」「なぜだろう」「ふしぎだな」などと自分で感じ、それをよく観察して発する言葉をしっかり聞いてあげることは次の観察や発見にもつながります。

　入学準備というとすぐに「文字の練習」「足し算や引き算」といった学校での

学習の先回りを考えがちです。文字や数に興味をもつことやそれを使いたいと思うことは学習の前段階として大切な要素です。しかし、それよりもまず大切なことは、保護者と一緒に歩くことで、小学校を取り巻く地域の様子を感じること、足元の草花や虫などを見つけて楽しむこと、大まかな時間の流れをつかみながら生活する習慣をつけること、そして子どもの発見や考えを尊重すること。また子どもの身の回りの基本的な生活習慣を確立し、友だちや先生の話をきちんと聞き、自分の思いもしっかり話せることなどが大切です。そのうえで小学校に行って学ぶ新しい学習に進んで取り組めるような好奇心をもたせてあげたいものです。地域では、近所の友だちとの遊びを楽しみ、十分な体力をつけることが小学校への登下校を楽しむ基礎的な力にもつながっていくことでしょう。

4）地域と協力して子どもを守るには

　教育基本法には「学校、家庭及び地域住民等の相互の連携協力」として「学校、家庭、及び地域住民その他の関係者は、教育に於けるそれぞれの役割と責任を自覚するとともに相互の連携及び協力に努めるものとする」とあります。子どもを守り育てるために学校と家庭だけでなく、地域の果たす役割の重要性について記してあります。特に登下校中の安全のためには地域の協力が欠かせません。

　総務省が2008年に「児童見守りシステム導入の手引書」を発行し、凶悪犯罪や交通事故から子どもを守るために地域による登下校中の児童の見守りの重要性を位置づけました。それによると、調査を行った全国122のうち、40％の自治体が地域で児童の安全確保の対策に取り組んでいました。

　ある小学校の調査では、地域のボランティアで児童の登下校に寄り添ったり、登下校時に通学路に隣接する畑で作業するなど可能な方法で児童の安全確認をしています。

　この取り組みについて、前述の小学校の保護者148名中90％が「役に立っている」「感謝している」と答えているといったデータがあります（上村　2010）。

上記のような取り組みはさらに広まってきていますが、子どもの安全を守るために自治体や学校を中心に、地域の協力をいかに組織していくかが重要な課題となっています。

②. 園で大切なことは

　これまでは、就学を前にした家庭や地域での取り組みについて考えてきました。次に園での取り組みについて述べたいと思います。2017年に改訂され2018年度より施行されている幼稚園教育要領、幼保連携型認定こども園教育・保育要領、保育所保育指針等の幼児教育・保育の指針となる法令（以下、3法令と記す）では、乳幼児期における教育・保育は生涯にわたる人格形成の基礎を培う重要なものであると述べています。またその教育・保育は園児の特性を踏まえて環境を通して行うものであることと安定した情緒の下で自主的な遊びを通して行うものであることが記されています。

　小学校への接続（連携）として3法令では「小学校以降の生活や学習の基盤の育成につながることに配慮し、幼児期にふさわしい生活を通して、創造的な思考や主体的な生活態度などの基礎を培うようにすること」と記されています。またそれぞれの法令に記されている「幼児期の終わりまでに育ってほしい姿」を小学校と園が共有し、小学校への円滑な接続を図るようにすることの重要性が記されています。

1）できなかったことができた喜びに

　一口に園での遊びや活動といっても多種多様です。子どもたちがどういった遊びを好むかは、園の環境や個々の園児の発達段階、周りの子どもたちの影響やその子の個性などによって違ってきます。

　たとえばA園では園や園外の環境の中で、園児が自分たちで作り出す遊びを中心に園生活が繰り広げられていますが同時に、発達段階に沿った「確かな力をつける活動」を大切にしています。

この園の運動遊びのカリキュラムで固定遊具の遊びを例に挙げると、年少では鉄棒のぶら下がり遊びに興味を持つように環境を整えます。異年齢で遊んでいると年長児や年中児の鉄棒での遊びは年少児から見ると、とても魅力的です。年長児の行う鉄棒の前回りやスカート回りなどを憧れのまなざしで見つめています。年中・年長児も年少児が見ていると大変張り切って「ぶら下がりは、こうやって10個数えるまで手を離さないんだよ」などと教えてくれる子もいます。そんな段階を経て年少児が興味を持ち、鉄棒に跳びついたりぶら下がって遊べるようになると腕で身体全体を支える力が付き、年中児になる頃には「前回り」も難なくできるようになります。これができると「連続前回り」や「足かけ回り」等にも発展し、鉄棒遊びがさらに楽しくなってきます。今までできなかったことができるようになるということは、子どもたちにとってこの上ない喜びです。周囲の保育者や異年齢の友だち、そして家族にそれを認めてもらい、一緒に喜び合えると、その嬉しさはさらに大きくなります。

　この園の年長児は竹馬の遊びを行っています。自分の乗る竹馬をお父さんやお母さんと一緒に作ります。最初はほとんど誰も乗れないこと、仲間と励まし合って練習する中で必ずといって良いほど皆が乗れるようになること、年少の頃から年長児の姿を見て憧れていた遊びであることなどがこの園で竹馬を取り入れている理由です。乗れるようになるまでは少々苦労しても、竹馬遊びに適した環境の中で仲間の励ましと本人が自分の力で達成するまでの十分な時間があれば、必ず皆が乗れるようになるという見通しを保育者はもっています。

　友だち同士で竹馬に乗るコツを教え合ったり、少しでも竹馬で歩けるようになるとお互いに「やった！　○歩できたよ」などと喜びあいます。最初は「転ぶからやりたくない」などと言っていた子たちも、友だちのそんな姿を見ていると次第にやりたくなってきます。

　2か月ほどで皆が竹馬を乗りこなせるようになってくると、この園では竹を使った流しそうめんや竹飯（竹を割って中にお米を入れて飯盒のように炊きます）を炊いて皆でお祝いをします。竹馬遊びが上達してくると「竹馬ジャンプ」「竹馬縄跳び」や「竹馬サッカー」など、竹馬を使いこなした遊びが広がります。

また竹馬を作ってくれた保護者を園に招待し、上手に乗れるようになったところを披露します。

そんな経験を経て小学生になった子どもたちは、竹馬のことをどのように記憶しているのでしょうか。それを調査した結果が図6.4に示されています。

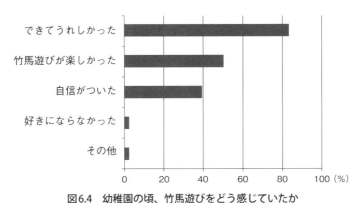

図6.4　幼稚園の頃、竹馬遊びをどう感じていたか

出所：A幼稚園を卒園した1年生から6年生の小学生108人複数回答　2012年

図6.4はA幼稚園で竹馬を体験した小学生（1年生〜6年生）への調査です。

中には「足にマメが出来たりして竹馬を好きにはならなかった」という小学生もいますが、80%以上が竹馬に乗れるようになったことを「嬉しかった」と記憶しており、40%近くが「乗れるようになって自信がついた」と答えています。幼稚園時代の遊びではありますが、小学生になっても多くの子どもたちが「うれしい体験」として記憶していることがわかります。

次の表6.1は、その小学生たちの保護者へのアンケートで「園での様々な遊びや活動の中で子どもについた自信は、小学校に行ってもそこでの学習や活動につながると思いますか？」という問いに対する答えです。これに対して、84.2%の保護者が「つながると思う」と答えています。

アンケート結果から、幼児期に遊びを通して友だちと何かをやり遂げたり、それまでできなかったことができるようになることはその子の自信となり、小学校になって新しい体験をする際にもすすんで取り組めるようになることがう

表6.1 幼稚園でついた自信は小学校に行ってもつながると思いますか（%）

	項目	保護者回答
ア	小学校に行ってもつながると思う	84.2
イ	特に自信としてはつながっていない	8.9
ウ	その他	6.9

出所：小学生（A幼稚園卒園児）の保護者　101名　2012年

かがわれます。

　幼稚園教育要領などの3法令では「幼児期の終わりまでに育ってほしい10の姿」の中の「自立心」の項目で「身近な環境に主体的に関わりさまざまな活動を楽しむ中でしなければならないことを自覚し、自分の力で行うために考えたり、工夫したりしながら、あきらめずにやり遂げることで達成感を味わい、自信をもって行動できるようになる」と記されており、幼児期に遊びやさまざまな活動を通して自信をもつことの重要性が述べられています。

2) 達成したいと取り組む過程を大切に

　今まで述べたこととは少し矛盾しますが、子どもたちが「できる・できない」がはっきり見える遊びを行う際、保育者や保護者の配慮として「できるようになること」だけを目標にしないことが大切です。保育者が遊びを提示する際に、どの子もその遊びを楽しみ、遊びのスキルを身につけてさらに遊びを発展させていけるように援助することは大切ですが、前述のように個々の子どもたちの発達段階や興味には個人差があることに留意しなければなりません。

　たとえその活動や遊びが周りの励ましを受けてできるようになったとしても、子どもにとってはそれが楽しくなかったとしたら、自ら「またやりたい」「明日もやりたい」とは思えないものになってしまいます。大切なことは「できるようになれば認められる」のではなく、自分の存在が周りから大切にされ、うまくできなくて悔しくても悲しくても共感をもって受け止められることです。

　平木典子（2005）は自信について次のように述べています。「今、子どもたち

の自信を育てるカギは、人間の存在の基盤、生きる自信の基礎をつくる『見留める』言葉かけではないだろうか。労り、慰め、励まし、感動、感謝の言葉などがそれである。これらには、存在を認め、思いやりを伝え、関係を結び、維持し、支える力が潜んでいる。その基盤の上に賞賛の言葉かけがあると自信がより確実なものになるだろう」(平木　2005)

　幼児は友だちとの遊びを通してさまざまな葛藤を経ながらも、初めての活動を行う際、多くの子が次のような気持ちの変化をたどります。

　「やってみたいなあ」「できるかな」⇒「うまくできなくてくやしい」「やめようかな」「でもやってみたい」⇒「先生や友だちが応援してくれた」「コツを教えてくれた」⇒「やってみよう」⇒「できるようになって嬉しい」

　そして次には、

　⇒「やってみたら楽しかった」⇒「次もやってみよう」といった意欲につながっていくのです。個人差や性格の違いがあるため、感じ方や表現の仕方はそれぞれ違います。しかし、保育者が単純に「できること」だけを目標にせず、子どもたちの葛藤や口惜しさ、喜びに共感しながらじっくり時間をかけ、心に余裕をもって取り組んでいけば、少々難しいことでもその遊びや活動をすることは、子どもたちにとって貴重な経験となることでしょう。

　園での遊びの中で、楽しい体験とともに前述のような気持ちを味わうことができたら、それは「小学校に行ってもつながる自信」として次へのステップに繋がっていくと思います。園で友だちとの遊びをたっぷり楽しんだ子どもたちが、憧れの小学校生活にスムーズに移行し、そこで友だちと一緒に楽しみながら成長できることを願いたいものです。

引用参考文献
・秋田喜代美執筆・監修、有馬幼稚園・小学校執筆(2002)『幼小連携のカリキュラムづくりと実践事例』小学館
・秋田喜代美・第一日野グループ(2013)『保育幼小連携』きょうせい
・上村謙至(2010)「学校・家庭・地域の効果的な連携について」『奈良県立教育研究所紀要』

- 厚生労働省（2017）「保育所保育指針」
- 酒井朗・横井紘子（2011）『保幼小連携の原理と実践』ミネルヴァ書房
- 汐見稔幸（2013）『本当は怖い小学一年生』ポプラ社
- 想厨子伸子（2012）「小学生の記憶に残る「幼児期の活動や遊び」」愛知教育大学幼児教育講座『幼児教育研究』16：43-50
- 想厨子伸子（2013）「保護者の願いに寄り添った幼小連携（1）」日本保育学会『日本保育学会66回大会発表要旨集』
- 想厨子伸子・加藤道子（2014）「保護者の願いに寄り添った幼小連携（2）」『日本保育学会第67回大会発表要旨』
- 総務省情報流通行政局（2008）「児童見守りシステム導入の手引書」
- 内閣府・文部科学省・厚生労働省（2017）「幼保連携型　認定子ども園教育・保育要領」
- 南丹教育局（2015）「平成27年度　幼小中高大連携の充実計画の概要」
- 平木典子（2005）「自信の心理学」『児童心理』830号，金子書房：1297-1305
- 文部科学省（2017）「幼稚園教育要領」

7

一人の人間が「母親」になっていくための「ケア」について

西村　美佳

はじめに

　今から約9年前の2009年10月に、最愛の息子が誕生しました。人生の中で最も幸福で満たされた瞬間でした。しかし、間もなく私は、複雑な感情に襲われるようになりました。それは、半年の育児休暇が終わる2010年4月から、新たな職場で仕事が始まることが決まっていたからでした。大学の教員という職は、好きな研究を続けながら、未来ある若者たちと教育を通じて出会うことができるという、大変得がたい貴重な仕事です。極めて幸運にも、子どもを産んだばかりの、言わば「ハンディ」だらけの人間を雇ってくれる大学があることは奇跡で、ありがたい気持ちで一杯でした。けれどその一方で、まだ生まれて間もない、ほんの小さい息子を母親である自分以外の人に預けて働くことを思って、私の心は寂しさや不安で一杯でもありました。その意味で当時の私は、仕事と子育てをうまく両立させる覚悟も自信も全くない状態でした。

　それでも、私が今も仕事と子育てを続けることができているのは、職場で折に触れて、ともに働く人々から数々の教えや支え、すなわちケアを受けたからなのです。ここでは、これまでにもらった数えきれないくらいの教えや支えの中から、特に忘れられないものについて書いてみたいと思います。それらが一人の駆け出しの母親をどのように勇気づけ、子どもとのほど良い関係を作ってくれたのか、そして仕事と子育ての両方を何とかやっていこうと思えるようになったのかを書くことによって、読者のみなさんに「保護者をケアすること」について考えるきっかけになれば、と願うからです。

1. 子どもを職場に連れていくことについて

　復職する直前、当時の専攻主任だったH先生は、私に大学を案内しながらこのように話されました。

> 「いつでも子どもを連れてきていいのよ。ここはヒューマンケア学部で、ましてやあなたが働くのは幼児保育専攻なのだから。離乳食だってここ（教員用の給湯室）で温めて食べさせてあげたらいいのだから。」

　この言葉は、毎晩息子の寝顔を見ながら、離ればなれになる日を思って悲しくなっていた当時の私にとって、精神的な救いとなった言葉でした。もしどうしても、やむを得ない事情ができたならば、職場へ子どもを連れてきてもよいのだという安心感に包まれました。

　またある時、私の息子の観察記録をして卒論を書きたいという学生に応えて、研究室に息子を連れてきたとき、当時の学部長であったS先生が急に私の研究室に来られました。叱られるのかな、と内心ドキドキしていた私にS先生は以下のようにおっしゃいました。

> 「俳優さんが来ていると聞いたのですが、俳優さんはどこですか？」

　卒論の観察記録のために、ビデオ撮影をされる息子が大学に来ていることをどこかで耳にされたS先生が、撮影される息子のことを「俳優さん」とユーモアたっぷりに表現して、わざわざ会いに来てくださったのでした。このようなことを通じて、間接的にS先生も、私が息子を大学に連れて来ることを黙って容認してくださっていたように思います。

　このように、仕事は「公」、子育ては「私」として区別して公私混同はいけないという空気を作るのではなく、緩やかな公私混同を受容する空気を上司の先生方が作って下さっていたことは、復職直後の私と息子にとり、かけがえのないケアでした。夫も私も実家が遠く、近所に親しい友人もいない核家族ですので、職場が孤独な子育てから私たちを救ってくれる一つの場になったからです。

2. 教員という職業に就きながらわが子を育てることについて

　私は息子が生まれてから、毎日欠かさず育児日記を書き、ここぞというときにはビデオ撮影などで記録を取っています。それは世間の親と同様、わが子のかけがえのない一瞬を記録に残しておきたいという気持ちがあるからです。ただその一方で、幼児教育や保育に関わる研究や教育をしている教員としてのいわば「不純な動機」も含まれていました。息子の成長を一つの事例と捉えて、その事例が授業や研究に活かせるかなという欲望です。それが透けて見えていたのでしょう。B先生が、ご自身の子育ての体験を交えながら、以下のような言葉をぽつりと言われたことがありました。

> 「母親はついつい我が子を教師として見てしまうけど、子どもにとっては絶対に"お母ちゃん"でいてやらないといけないよ。」

　その言葉には、ドキッとさせられました。当時の私は、一人の母親として息子の成長を記録していると同時に、「この記録は授業に使えそうだな」、「次の研究の事例に使えそうだな」と心のどこかで思っていたからです。その意味で、言葉は悪いのですが、息子の日々の成長が、研究や教育の「ネタ」として私の目に映っていた面があったことは否めませんでした。また職業柄、「一般的な発達や育ち」の基準を知っているからこそ、それと息子の成長を比較して、第三者のような視線で息子を見てしまっていた面もあったように思います。それが、B先生にはお見通しだったのでしょう。

　母親は、子どもを客観的に見る目を持つことが必要な時もあります。ただその一方で母親は、子どもと一体になって、主観的に盲目的に子どもとともに生き、子どもがどんな子どもであろうとも、絶対的な味方であり続ける「お母ちゃん」でなければなりません。B先生の言葉は、今に至るまで私の心の戒めとして、時々振り返る言葉です。

3. 子育ての「常識」から外れてもいいという教え

　私が育った家庭は家族5人がそろって夕食を食べられる環境にありました。そのため、食事中はテレビを消すというのが当然のルールでした。テレビを消して、家族5人でその日あったことを楽しく話しながら夕食をとるというのが私の「理想」とする夕食の時間でした。

　しかし、今の我が家は核家族であり、息子の生活リズムを考えて、適切な時間帯に夕食を食べようとすると、多忙でしばしば帰宅が遅い夫を待たずに私と息子の二人で夕食を食べることになります。最初は、私の「理想」とする食事をするためにテレビは必ず消して、当時3歳の息子と一生懸命会話をしながら夕食をとろうとしました。するとこんな風になるのです。

　私　　「今日保育園楽しかった？」
　息子　「うん。楽しかった。」
　私　　「何して遊んだ？」
　息子　「公園いった。」
　私　　「そっか。公園は落ち葉がきれいだったでしょ？　落ち葉で遊んだ？」
　息子　「ううん、拾わない。」
　…………
　私　　「おいしい？」
　息子　「うん。」

　このような感じで、気がつけば黙々と二人で夕食を食べているというようなこともありました。私は教員という、いわば話す仕事です。授業では何時間も話し続けることもありますし、学生や同僚の教員などいろいろな人と毎日沢山話します。そのような一日を過ごした後、まだそんなにおしゃべりが盛り上がらない息子と二人で食事をすることに疲れる時もありました。

　そんなある日、愛知に台風が来て、外が大変な暴風雨になったことがありま

した。ちょうど夕食の時間にニュースが放映されるため、台風の状況を見ようとテレビをつけました。するとテレビに映し出される台風の様子を見ながら、「川の水が増えてるね」、「地下鉄止まってないかなあ」など、私と息子の食卓の会話はごく自然に賑やかになったのです。それから、私と息子の夕食にはテレビがつくようになりました。見る番組は録画された子ども向けの番組であったり、動物ドキュメンタリー番組であったり、古い家を大改造する番組であったり、日替わりで変わることもあれば、お気に入りの番組をひたすら繰り返し見ることもありました。とにかく、毎日テレビを見ながら夕食を食べる日々になったのです。

　ただ、私の心の中には「テレビを見ながら夕食を食べるなんて本当は良くないのに」という罪悪感がありました。ある日、我が家の夕食時の習慣となってしまったテレビ視聴について、F先生にお話してみました。するとF先生からは以下のような明快なお返事が返ってきました。

> 「テレビ見ながら夕食食べたっていいじゃない。うちもね、息子たちが小さいとき、私と息子と3人で食事することもよくあったの。そんなときは、今日は何の映画見る？って息子たちと相談して決めて、キャンドルに火を灯したりして、3人で映画を見ながら夕食を食べたのよ。何回も同じ映画を見ることもあって、次のセリフは○○なんだよね、とか言い合ったりしながら、おしゃべりして食べるのってとっても楽しかったわ。そうやって、テレビを見ながらおしゃべりして食べたらいいのよ。それで食事が楽しくなるならいいじゃないの。」

　F先生のこのお話は、当時の私にとって驚きでした。それと同時に、今の息子との夕食時間を全面的に肯定するきっかけになりました。そうか、テレビがいけないのではないのだ、テレビは食卓での会話を賑やかにしてくれるツールとして考えたらいいのだ、とまさしく目から鱗が落ちるような感覚でした。その日から、私と息子はウキウキしながら、今夜何を見ながら夕食を食べるか相談し、心から楽しく賑やかに夕食の時間を楽しむことができるようになったのでした。

テレビが私たちの食事仲間として欠かせない時期はそれから数年続きましたが、息子が6歳くらいになったころから息子のおしゃべりが達者になり、いつしかテレビはあまり必要なくなりました。

4. 子どもに「付き合う」ということについて

　息子は、保育園の3歳児クラス（年少）の運動会では、かけっこはビリでした。3歳児なので、他の子どもたちもそれほど全力疾走で走るという雰囲気ではないのですが、その中でも特に息子の走る姿は「とりあえずみんな走るし、まあ走るか」という感じで、ぽてぽてとのんびりみんなの後をついていくように走るという感じでした。私は保育内容指導法の健康領域の科目を担当しています。その授業の中では体を動かすことの楽しさを満喫することが幼児期において大変重要であるといつも伝えています。その私の息子が、ビリというのもなあ……と内心では思いつつ、歩くのも走るのも嫌いではないし、健康で体力もあるので、かけっこくらいビリでもいいよ、と考えていました。

　それから1年がたち、年中の4歳児クラスでの運動会が近づいてきたある日の夕方、大学で息子と一緒にいるときに、運動遊びの専門家であるM先生と廊下でお会いしました。もうすぐ運動会なのだけれど、昨年はかけっこビリだったんです、とM先生にお話ししたところ、M先生が「そうちゃん、一回ここで走ってごらん」と言われました。息子は、ゆったりと廊下を走りました。それを笑顔で見守っておられたM先生は、「上手に走れるね！　じゃあ、もう1回走ってみようか。今度はもうちょっと腕をこうやって振って走ってごらん」と、ご自身でやって見せながら息子に語りかけられました。すると息子は、その通りに腕を大きく前後に振って走りました。腕を大きく前後に振ると、その反動で自然と体も前へ前へと以前よりも進むのが速くなっているのが見ていてわかりました。M先生は「そう！　そう！　その調子！　今度はもうちょっと腿を高くあげてごらん」と、またやって見せられました。息子はそれを見て真似するのが楽しくなっているようでした。汗をかきながら、ニコニコしてまた走り

ました。M先生は「そう！ とてもきれいなフォームになってきたよ」と走る息子を励まし、見守り、声をかけられました。時間にして、わずか20分足らずだったとは思いますが、息子はM先生の前で廊下を何本かダッシュして、いい汗をかいていました。帰り道、息子は満足気な笑顔で「今年は１等になれるかなあ」と何度も話しました。そして息子は、運動会のかけっこで、ビリから見事に２等賞にまで大躍進したのでした。

　それからさらに１年が経ち、年長の５歳児クラスの運動会前に、私はM先生に教えていただいたことを思い出して、息子と少しだけ近くの公園で一緒にかけっこをしました。運動会当日、「今日はかけっこ１等賞取るね」と宣言して運動会に臨んだ息子は、本当に１等賞になりました。しかめっつらで必死で走るのではなく、ニコニコと気持ちよさそうに走り、憧れの白いゴールテープを切った息子はゴールしてからもニコニコ笑顔でした。おそらく１等でもビリでも、同じ笑顔でゴールしたかもしれないなと思いました。M先生は１等賞を取るためというのではなく、走る爽快感を感じるきっかけを息子にくださったのでした。

　私はM先生から、「子どもに寄り添う」ということの能動的な側面を学びました。ありのままを受け入れるということも大切な「寄り添う」ですが、今目の前にいる子どもの状況を見て、ともに行動するという能動的な「寄り添う」、あるいは「付き合う」という関わり方を見て学んだことは私にとって大きな学びとなりました。

5. 登園を嫌がる息子に悩んだとき

　息子が４歳児（年中）クラスだった冬、風邪をひいた後、続けて水疱瘡を発症し、長期間保育園を休まなければならなくなった時期がありました。無事に回復して、やれやれと思っていたら、今度は登園を嫌がるようになってしまいました。もうすぐ年長クラスへ進級するという２月から３月、クラスの他の友だちはみんな生き生きとして楽しそうに登園している中で、私の息子だけは毎朝

「はあ～、今日も保育園か……行くのいやだな」から始まり、何とかなだめすかして保育園に連れて行っても、別れ際には年中クラスの子どもとは思えないくらいの大泣きで、他のお母さんたちからも「今日はダメな日？」と気遣っていただくような状態でした。

　私自身、いろいろと悩み、何がいけないのだろう、何が嫌なのだろうと担任の先生にも相談しましたが、嫌がる理由は誰にもわかりませんでした。息子になぜ保育園が嫌なのか尋ねると、「保育園は何も楽しいことがない」というだけです。夕方迎えに行くと元気に遊んでいて、帰り道では「明日は泣かずに行くね」と笑顔で話すのに、夜寝る前から「あ～明日も保育園か、いやだなあ」が始まるのです。困り果てた私は、ある日、長年保育園の園長先生をされてこられたW先生に相談しました。W先生は、私の話をじっくりと聴いて「先生の息子さんは賢いからね、いろいろ考えちゃうんだろうね。先生も忙しくて大変なのに、それは心配だね」と温かく私を受け止めてくださいました。そして、その後このようなお話をしてくださいました。

> 「あのね、保育園で息子さんがどんな風なのか気になって仕方ないだろうけど、あんまり今日は保育園でどうだった、こうだった？ってあれこれとこまごまと聞きすぎたらあかんよ。息子さんも息が詰まっちゃうからね。」

　この言葉に私はハッとしました。この頃、女の子とばかり遊んでいる息子が心配で、毎日お風呂に入りながら「今日は誰と遊んだ？」、「給食は全部食べられた？」、「今日は何して遊んだの？」、「泣かなかった？」と、細かく息子に園での様子を「尋問」していたからでした。ついつい園での過ごし方が気になってしまっている私は、息子に、園での一日についての事情聴取と反省会をしてしまっていたことに気づいたのです。これは改めないといけないと思いました。

　また同時期に、やはり長らく子どもに関わってこられたH先生に、息子の登園しぶりのお話をしたことがありました。その先生からは以下のような言葉が返ってきました。

> 「保育園がいやなら、休ませて大学連れてきて研究室に置いてやったらいい。そのうち、退屈して保育園に行きたくなる。それから、あなたがどんなに泣いてもどんなにいやがっても、ママはあなたが一番大事で大好きって、それだけはしっかり伝えて、行ってらっしゃいって保育園の先生に預けてきたらいい。」

　このお二人の先生のアドバイスを素直に実行してみようと思った私は、まず帰ってから園での様子を根掘り葉掘り尋問することをやめました。息子が話して来たら「そうなの、ふーん」と話を聞きましたが、それ以上掘り下げて質問することはやめてみました。また、朝も相変わらず登園を嫌がる息子に、毎朝抱きしめて「保育園いやだよね。わかるよ。どんなに泣いて嫌がってもママはそうちゃんが大好きだよ。それだけは変わらないからね」と伝えて、先生にお預けして帰るようにしました。しばらく経った頃、息子は朝、自分から家を出るときに「ギューして」と何度も私にせがんで抱きしめてもらうと、素直に登園するようになりました。こうして、私と息子は、W先生とH先生の教えを忠実に実行することで、登園拒否を乗り越えたのでした。

6. 自分の仕事に誇りをもって子どもを育てることについて

　このようなアドバイスを受けながら育った息子は保育園を卒園し、小学生になりました。引っ込み思案なところはありますが、健康で、いつも穏やかで、虫と工作が大好きな、私たち家族の宝物です。けれども今に至るまでに、私は数えきれないくらい仕事をやめることを考えてきました。初めて「他人」の手に0歳児の息子を委ねたとき、病気になって不安そうな息子を病児保育に預けて仕事に出かけたとき、参観日に行けなくてごめんねと謝る私に目に涙を溜めながら「園長先生が一緒に工作作ってくれるからいいよ」と言って保育園に入っていく息子の後ろ姿を見送ったとき、外が真っ暗になった保育園の職員室で最後の一人になって私を待っている息子を見たとき、手抜きの夕食を疲れ切って無言で食べているとき、「仕事をやめようかな」という気持ちがいつも湧

き上がってきました。私自身は、専業主婦の母のいる家庭で育ちました。いつでも帰宅すれば母がいて、病気になったときも母に自宅でゆっくり看病してもらい、夕食もおやつも手作りでした。そんな自分の幼児期と比較すると、幼い息子の日々の生活はあまりにも自分が思い描いてきた「理想の子育て」と程遠く、私にとって仕事とは何だろう、母親をすること以上の仕事などないのではないだろうかと心のどこかでずっと思い続けてきたのです。

そんなある日、息子を連れて大学に夜戻り、残った仕事を片付けていたとき、Y先生が初対面の5歳の息子に歩み寄り、挨拶後に、じっと顔を見て「君のママはとっても大切な仕事をしているんだよ」と話されました。その一言が私の心には響きました。そうか、私は大切な仕事をしているのか、私は自分の仕事を、自分の人生をきちんと生きていくことが大切なことなのだ、と初めて感じることができたのでした。私はこのとき、息子に対する「仕事をしている母でごめんね」という申し訳ない気持ちと、「仕事をやめようかな」という迷いに一つの区切りをつけました。仕事もして、子育てもするという生き方を、ようやく自分の中で肯定的に受け入れることができたのです。

おわりに

今の社会は、何か問題が起こったとき、その原因をつきとめ、取り除いて問題を解決するという合理的な思考が主流です。けれども子育てにおいては、そのような思考はほとんど役に立ちません。親は、子どものその時の欲求や気持ちに翻弄されながら、ただそれを受けとめ、子どもに寄り添い、付き合いながら「子どもと共にそこにあり続ける人間的な強さを新たに持てるようになる」ことによって親、すなわち「育てる者」になっていくといわれます（鯨岡　2002：46）。ただ、それは言葉で言うほど簡単ではありません。ここまで述べてきたように、母親もまた、誕生したての子どもと同じように、無力で弱く、誰かの支えや助け、すなわち「ケア」を必要とする存在だからです。

人が「わたし」という存在を実感できるのは、「あなたはそこにいる」と応じ

てくれた他者の存在があるからだと言われます。すなわち、人は、他者から自分へ向けられた「注視、気遣い、労苦、葛藤、そして愛情」があるからこそ「わたし」という意識が生まれるというのです（岡野　2012：51）。職場において、私は公的な部分とは別に私的な部分で、新米の母親として「あなたはそこにいる」と応じてもらい、目を掛けてもらい、気遣いや愛情、すなわちケアを受けることができました。それによって私は「母親としてのわたし」を自身の中に見出し、育てる力を得ることができました。新米の母親の周囲の人々が、母親としての弱さ、不完全さを認めて、それぞれの立場で子どもの健やかな成長に心を配ることを通じて、子育てに参加することが母親の孤独な子育てを救うといわれます（大日向　1999：118）。その意味で、私たち一家の子育ては、職場の先生方のさりげない参加によって、ぎりぎりのところで成り立っていたといえるかもしれません。

　この原稿の中で紹介した子育てに関するアドバイスやケアは、すべて職場のベテラン世代の先生から得たものばかりです。すでに子育てを終えた先生、あるいはご自身にはお子さんのおられない先生も含まれています。ママ友や同世代・若い世代の先生からのアドバイスは、いうまでもなく身近で日常的で、私にとって大変貴重なものでした。しかしそれとはまた別に、それまでの長い人生経験から子どもや人の育ちを俯瞰できる目をもつベテラン世代の先生方のアドバイスやケアは、職場以外の環境では得難いもので、深く貴重なものでした。今、祖父母世代は、パパ・ママが属する若い世代の子育ての常識から逸れないように、気を遣って子どもに接することが当たり前となってしまっています。しかし、子育てには普遍的な原則があり、それを真に伝えることができるのは、現役子育て世代や若い世代とは異なる、ベテラン世代なのではないかと私は自身の経験から思っています。

　また、子育ては乳幼児期では終わらず、そこから先も続き、子どもの成長に従って、悩みの質も変わっていくでしょう。現在すでにかなり充実してきている乳幼児を育てる母親のケアのみならず、「父親」になるためのケアや学童期、思春期、青年期まで段階的に「母親」になっていくためのケアもさらに充実す

ればいいなと願う今日この頃です。

引用参考文献
- 大日向雅美（1999）『子育てと出会うとき』日本放送出版協会
- 柏木惠子（2013）『おとなが育つ条件──発達心理学から考える』岩波書店
- 岡野八代（2012）『フェミニズムの政治学　ケアの倫理をグローバル社会へ』みすず書房
- 鯨岡峻（2002）『〈育てられる者〉から〈育てる者〉へ　関係発達の視点から』日本放送出版協会
- ブルジェール, F.著、原山哲・山下りえ子訳（2014）『ケアの倫理──ネオリベラリズムへの反論』白水社
- 本田和子（2007）『子どもが忌避される時代』新曜社

PART II
子どもの体・こころ・健康

保健と医療で支える健やかな子どもの成長

都築 一夫

1. 子どもの事故の特徴

　突然ですが、新生児を除く子どもの死亡原因としては何が多いのでしょう。がん（悪性新生物）という答えが返ってきそうです。しかし、がんと並んで死亡原因の1・2位を争っているのが「不慮の事故」なのです（表8.1）。

　しかも1〜4歳の幼児では、一つの事故死の背後には、同様の事故により医師を受診するものが2,600例、家庭で処置できる程度のものが100,000例、特に処置の必要がなく経過を観察できる程度のものが190,000例あると推定されています。いつ死亡事故が起きても不思議はないとも考えられます。

　一方、近年の高齢化社会に伴い老人の事故死も急増しています。ところで、子どもの事故と老人のそれとはどこが違うのでしょうか。老人の場合は昨日までは出来たことが出来なくなるために事故を起こすのです。足が上がらなくなり、昨日までまたげた段差につまずくようになるのです。子どもの事故は反対に昨日まで出来なかったことが出来るようになったためです。昨日まで寝返りができなかった赤ちゃんが、寝返りをしてベッドから落ちるのです。したがって子どもの発達段階に応じて起こしやすい事故の傾向があります（表8.2）。原因として多いものは、0歳では不慮の窒息、1〜4歳では交通事故と不慮の溺死・溺水、次いで不慮の窒息、転落・転倒、煙・火・火災への暴露など、5歳以降は交通事故が最も多く、不慮の溺死・溺水がそれに次いでいます。

　ただし、事故を恐れるあまり子どもの行動を制限しすぎるのは、子どもの発達に好ましくはありません。子どもの年齢特性を理解し、自由に行動しても重

大な事故を起こさないよう環境を整備するなどの配慮が必要です。病院へ行かなくても済むようなケガなら恐れる必要はありません。むしろそのような失敗を経験することで大きな事故を起こさないようになっていくのです。

なお日本小児科学会では、特に事故死の多い生後1か月から6歳までの乳幼児に起こりやすい事故の処置と事故を防ぐためのポイントを、『こどもの事故と対策』としてホームページ上で紹介しています。ぜひ参考にしてください。

表8.1 子どもの死亡原因（年齢別）2009年 対人口10万人（％）

	0歳	1〜4歳	5〜9歳	10〜14歳	15〜19歳
第1位	先天奇形、変形及び染色体異常 83.8 (35.1)	先天奇形、変形及び染色体異常 3.8 (17.7)	不慮の事故 2.4 (25.8)	悪性新生物 1.6 (19.5)	不慮の事故 7.6 (31.2)
第2位	周産期に特異的な呼吸障害及び心血管障害 33.7 (14.1)	不慮の事故 3.5 (16.4)	悪性新生物 2.0 (20.8)	不慮の事故 1.6 (18.9)	自殺 7.6 (31.2)
第3位	乳幼児突然死症候群 13.6 (5.7)	悪性新生物 2.0 (9.6)	心疾患 0.7 (7.3)	自殺 0.9 (11.3)	悪性新生物 2.4 (9.7)
第4位	不慮の事故 11.6 (4.9)	心疾患 1.5 (7.2)	先天奇形、変形及び染色体異常 0.5 (5.4)	その他の新生物 0.6 (7.0)	心疾患 1.2 (4.8)
第5位	胎児及び新生児の出血性障害及び血液障害 9.3 (3.9)	肺炎 1.0 (4.8)	その他の新生物 0.5 (5.2)	心疾患 0.5 (6.0)	脳血管疾患 0.6 (2.6)
第6位	心疾患 7.6 (3.2)	敗血症 0.6 (3.0)	インフルエンザ 0.5 (4.9)	先天奇形、変形及び染色体異常 0.4 (4.5)	先天奇形、変形及び染色体異常 0.4 (1.7)
第7位	妊娠期間及び胎児発育に関連する障害 6.7 (2.8)	腸管感染症 0.6 (2.7)	肺炎 0.4 (4.3)	肺炎 0.3 (3.9)	肺炎 0.2 (1.0)
第8位	敗血症 5.5 (2.3)	インフルエンザ 0.5 (2.3)	他殺 0.4 (4.1)	脳血管疾患 0.2 (2.9)	その他の新生物 0.2 (1.0)
第9位	周産期に特異的な感染症 5.0 (2.0)	その他の新生物 0.4 (2.0)	敗血症 0.2 (1.7)	インフルエンザ 0.2 (2.5)	他殺 0.1 (0.6)
第10位	肺炎 3.6 (1.5)	他殺 0.3 (1.5)	脳血管疾患 0.1 (1.1)	他殺 0.1 (1.6)	敗血症 0.1 (0.5)

（出典：母子保健の主なる統計、母子健康事業団、2010）

出所：早川浩・小林昭夫（2012：177）

表8.2　年齢層別にみた不慮の事故による死亡数とその割合（平成22年）

区　分	0歳	1〜4歳	5〜9歳	10〜14歳
総　数	113人	151人	125人	121人
交通事故	9 8.00%	44 29.10%	56 44.80%	45 37.23%
転落・転倒	4 3.50%	19 12.60%	10 8.00%	11 9.10%
不慮の溺死 および溺水	6 5.30%	32 21.20%	34 27.20%	34 28.10%
不慮の窒息	85 75.20%	28 18.50%	10 8.00%	11 9.10%
煙、火および 火災への曝露	3 2.70%	21 13.90%	11 8.80%	13 10.70%
その他	6 5.30%	7 4.60%	4 3.20%	7 5.80%

出所：早川浩・小林昭夫（2012：157）

2. 好発年齢って何？

　一口に子どもといっても、1歳児と高校生ではずいぶん違いますね。そもそも"子ども"とは何歳までなのでしょう。必ずしも明確ではありませんが、18歳までとすることが多いようです。なお、15歳あるいは20歳までとする場合もあります。これらを新生児期（生後28日まで）、乳児期（1歳未満）、幼児期（小学校入学まで）、学童期（おもに小学生）、思春期（二次性徴出現から成人に達するまで）の時期（ライフステージ）に分けるのが一般的です。各時期それぞれに特徴があり、"子ども（小児）"と一まとめにするのは少し乱暴です。

　実は病気にも年齢による特性があります。腹痛を例にとりましょう。腹痛を訴える病気は数多くあり、診断をつけるのに苦労することも珍しくありません。しかし、腹痛を起こす病気の一つである腸重積症は、ほとんどが生後4か月から2歳くらいの乳幼児に限られ、学童に発病することはまずありません。反対に急性虫垂炎は学童の腹痛としてありふれたものですが、3歳以下の乳幼児に起こることはほとんどありません。このようにある病気をおこしやすい年

齢を"好発年齢"と呼び、多くの病気にはそれぞれ好発年齢があります。

百日咳（百日咳菌による感染症）という病気は、元来、乳幼児に多く、痙咳（けいがい）といわれる特有の激しい咳発作をおこし、時に呼吸困難、無呼吸、脳症を起こすことがある重い病気です。最近では成人での流行も報告されており、乳幼児への感染源にもなっています。ただし、成人ではこれといって特徴のない咳が長期に続く（慢性咳嗽（がいそう））だけです。同じ病気でも年齢によって症状が違うのです。このように子どもの病気を診断するうえで年齢はとても重要な要素です。

3. 急性疾患と慢性疾患

病気はその経過から急性疾患と慢性疾患に分けられます。急性疾患は急に症状がでてくるので、いつ病気が始まったかがはっきりしています。感冒（かぜ）や急性下痢症（急性腸炎）などがその代表です。病状は短期間に変化し、自然に治るものも含め、現在では適切な治療により治ることが多いのですが、時に急速に悪化して死に至ることもあります。

一方、慢性疾患は経過が長い（3～6か月以上）ものを指し、自然に治る可能性は低く、ゆっくりと悪くなっていく場合が多いのです。このため原則として治療を必要とします。慢性肝炎、慢性腎炎、生活習慣病（高血圧症、糖尿病、高脂血症など）が代表的な病気です。また症状は乏しく（ないことも多い）、はっきりした症状が出た時にはすでに病気がかなり進行していることも珍しくありません。すなわち、いつ発病したかわからないことが多いのです。したがって、慢性疾患では早期発見、早期治療が大切であり、早期発見には健診が重要です。もちろん予防に勝るものはありませんが……。

先ほど述べたように、症状を伴って突然始まる病気は、ふつう短期間のうちに結末（多くは治癒）を迎える急性疾患です。しかし、一部ですが、その後も長い経過をたどる慢性疾患も含まれています。少しややこしい話ですね。

4. 健診で異常が指摘されたら…

　健診（健康診断または健康診査）で"異常"を指摘され、ドキッとしたことはありませんか。しかし、病院や診療所で詳しく検査をしてもらうと異常がないと判って、ホッとすることも多いのです。健診では異常、病院（診療所）では正常、まるで反対の結果ですね。一体この違いはどこから来るのでしょう。

　早期の慢性疾患（ふつう無症状）を発見するには、一見健康な人すべてに健診を行う必要があります。このため、全員にあらゆる精密検査を行うのも一つの方法でしょう。しかし、これでは余りにも多くの費用と時間がかかります。いわゆる費用対効果が悪いのです。さらに医療従事者や医療機器の多くを健診に割くため、治療が必要な患者さんの診療に支障が出ることも懸念されます。

　健診の目的は病気の診断ではなく、スクリーニングです。医療機関で診察を受ける人をセレクトするのです。できるだけ簡便な方法、限られた費用で、全員を健診することが肝要です。簡便な検査ですから、精密検査に比べると正確性がやや劣ります。どうしても、病気の人を正常と判定する場合（偽陰性）と、健康な人を異常と判定する場合（偽陽性）が起こる可能性があります。どちらも困ったことに違いないのですが、健診の目的からは、偽陰性を極力ゼロにすることが求められます。このため現状では、ある程度の偽陽性が出るのは止むを得ないと考えます。

5. 病気をもっている子の学校生活は？

　かつては、慢性疾患は治らないとされてきました。このため、少しでも病気に悪そうなことはなるべく禁止する方針で日常生活の管理が行われていました。しかし、長期にわたる日常生活の制限は、本人にとって苦痛なのはもちろんのこと、周りも気遣いや別メニューを行う煩わしさで疲れてしまいます。すなわち、QOL（quality of life、生活の質）の低下につながります。

　幸い健診の普及などによる早期発見と、治療法の進歩による早期介入（早期治

療)によって、病気を治したり、悪化させないことが可能になってきました。

病気にとって明らかに悪いことは禁止しますが、それなりに病状が安定していれば、なるべく普通の日常生活を送ってもらいます。

6. インフルエンザワクチンは本当に効くの?

麻しん(はしか)や風しんのワクチンは、接種者の約98%に免疫ができます。したがって、麻しんや風しんが流行しても、ワクチン接種者が麻しんや風しんに罹ることはまずありません。ワクチンの効果が実感でき、誰もがその有効性を疑いません。

しかし、インフルエンザワクチンについてはどうでしょう。「ワクチンを打ったのに、その後、インフルエンザに罹ってしまった!」、「ワクチンなんて打たなくったって、ここ何年もインフルエンザに罹ったことがないよ!」というような話を耳にしませんか。インフルエンザワクチンの効果に疑問を抱く人も多いのではないでしょうか。表8.3は毎冬に流行する通常のインフルエンザ(季節性インフルエンザ)とインフルエンザワクチン接種との関係を示した一例です。

表8.3 インフルエンザ・ワクチンの効果

	非罹患者	罹患者	(罹患率)	合計
ワクチン非接種者	88	79	47.3%	167
ワクチン接種者	159	37	18.9%	196
	247	116		363

(予防効果=57.6%)

ワクチンを接種していない人では47.3%がインフルエンザに罹ったのに、接種した人では18.9%しか罹りませんでした。両者には差がありますが、一目瞭然とまでは言えないかもしれません。

このような場合、カイ2乗検定などの統計学的(数学的)検定を行い、明らかな差(有意差)があるかどうかを調べます。この場合は$p < 0.01$(結論が間違いで

ある危険性が1%未満)で有意差があります。カイ2乗検定はそれほど難しい計算を必要としませんが、現在ではさまざまな統計学的検定を行ってくれるPCソフトがあるので、それを使えばよいのです。このように、インフルエンザワクチンは接種しなくても半数以上の人がインフルエンザに罹らず、接種しても2割近い人がインフルエンザに罹りますが、99%以上の確率(正しさ)でインフルエンザワクチンは効果ありと判断してよいのです。ワクチンを接種しなければインフルエンザに罹ったはずの人の60%近くが、ワクチン接種でインフルエンザを予防できた(予防効果)ことになります。

余談ですが、イチロー選手と並のプロ野球選手の打率を比べてみましょう。イチロー選手の最高打率も4割には届かず、並の選手でも2割5分くらい打てます。その差はワクチン接種者と非接種者の罹患率の差よりも小さいのです。でもイチロー選手と並の選手では雲泥の差があることに疑いを差し挟む人はいないでしょう。

なお、インフルエンザワクチンには上に述べた発病を阻止する効果のほかに、たとえ罹っても重症化しにくくする効果もあるといわれています。

7. 母子健康手帳は一生の宝

乳幼児は20回くらい予防接種を受けなくてはいけません。接種もれがないよう予め計画を立て、済ませた予防接種をしっかり記載しなくてはなりません。母子健康手帳(図8.1)(いわゆる"母子手帳")には「予防接種の記録」の欄があります。予防接種を受けた時に医療機関で記録してもらいましょう。

子どもを診察する時も母子健康手帳は大いに参考になります。麻しん(はしか)、風しん、水痘(水ほうそう)、流行性耳下腺炎(おたふくかぜ、ムンプス)などの予防接種を済ませていることが母子健康手帳で確認できれば、ほぼ、これらの病気ではないと考えてよいのです。記憶だけでは勘違いもあり、正確とはいえません。これは何も乳幼児や小学生に限ったことではなく、高校生や大学生、社会人になっても役立つのです。

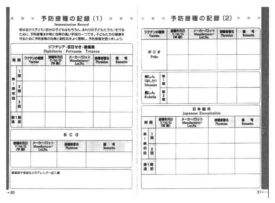

図8.1　予防接種の記録欄（母子健康手帳）

　また、背が低いことを心配して受診された時も、定期的に測定された身長や体重が母子健康手帳の「身体発育曲線」にプロットされていると、いつから背が低くなったのかがわかりやすく、大いに診断の助けになります。そのほか、発達の記録や乳幼児健診の結果も記入されます。さらには、妊娠や子育てに参考となる情報も載っています。

　このように母子健康手帳は成長・発達・健康などに関する個人情報の宝庫です。大人になっても必要なことがあります。高校卒業や成人式などを記念して母子健康手帳を本人（子ども）にバトンタッチしてはいかがでしょう。

8. 子どもに JIS 規格は適用されません

　親にとって、わが子のことは自分のこと以上に気になるようです。わが子の特性（成長・発達・健康など）が気になる時、とかく身近な子どもと比べることが多いようです。例えば、兄弟姉妹やいとこ、同じ年のお友だちなどです。しかし、ヒトは工場で作られる製品（おもちゃや人形など）とは異なり、サイズ（身長など）にしろ、重量（体重）にしろ、あるいは一人歩きする月齢にしろ、JIS 規格のように一つの決まった数値があるわけではありません。全く同じ子どもは一人としていないのです。

わが子と身近にいる子を比べた場合、身長でも一人歩きの月齢でも、必ず違いがあります。わが子が優っている場合はよいのですが、少しでも劣っている場合は気になってしまい、時としてノイローゼ気味になる人もいるようです。

　しかし、ほとんどの場合、両者ともに異常ではなく、その差は個人差というべきものです。正常は一つではなく、ある程度の幅があるのです。身近にいる子どもなど特定の個人とのみ比較すると、正常の幅を忘れた結論に陥りがちで、むしろ危険です。子育てに関わる人々に注意していただきたいポイントです。

　家畜や実験動物を除く自然界の動物には多様性があり、私たちヒトもその例外ではありません。表面上いろいろな違いがあっても、多くの子どもはみな正常です。その違いは個性ないし多様性というべきもので、それぞれ尊重されるべきものです。子どもに関わる時にはこのことを忘れずに、むしろ子どもからヒトの成長の多様性や個性を謙虚に学んでください。

9. 保健（医療）情報リテラシー

　健康に対する人々の関心は年々高くなってきているようです。さまざまなところで健康（保健）や病気（医療）に関する情報が溢れています。書籍、雑誌、インターネット、テレビコマーシャルなどさまざまなメディアを介して膨大な情報が発信されています。しかし正しい情報ばかりとは限らないのが現実です。これら玉石混交の情報の中から正しい情報を収集し、的確な判断ができる能力（情報リテラシー）を身につけてください。情報がないよりは良いのですが、膨大な情報も悩ましいものです。

　そのためには、各々のメディアの特性を理解して利用することが大切です。書籍にはふつう著者の素性も明記してあり、出版社と著者から内容の信頼度を判断することが可能です。まとまった知識を得るための最も基本的なツールです。しかし、書籍の発行には手間と時間がかかるため、内容が少し古い場合もあります。発行年を確認することも必要です。

雑誌は書籍に比べると内容も新しく、著者とその肩書も明記してあります。できれば、発行元とどんな読者を対象にしているのかを確かめるとよいでしょう。学会誌（学会が発行する雑誌）では原則として専門家による掲載論文の査読（チェック）が行われその質が担保されています。また総説では、あるテーマに関して最新の情報が整理・解説されています。

　インターネットでの検索は手軽ですが、おそらく膨大な数の情報がヒットするでしょう。皆さんはヒットした情報をすべて読みますか？　情報を選択する時には何を基準にしますか？　ヒット数の多いものを選びますか？　ヒット数でのランキングは情報の質の高さを表しているのでしょうか？　ヒット数はあくまでクリックされた回数であり、タイトルが目を引いただけかもしれませんし、上位にランクされたいために暇に任せて何回もクリックした結果かもしれません。ちょうど、AKB48の握手会に行きたいファンが、同じCDを一人で何枚も買うためその販売数が増えるようなものですね。

　インターネットの情報には発信者が不明なことも多く、これらの情報をそのまま鵜呑みにするのは危険です。ネット情報には雑誌の査読のように内容をチェックする仕組みはありません。自由な意見を発信できる良さはあるのでしょうが、悪意のある内容や事実と反する情報もフリーパスで発信されることになります。商品宣伝がまことしやかな情報の衣をまとって発信されていることもあります。発信日も記載されていないことが多く、すでに古くなった情報が新しい情報と同等にヒットしてくることになります。便利と危険は表裏一体であることが多いのです。自分でその真偽を判断しなくてはいけません。

　とはいえネットの利用度が高いことは明らかです。多くの専門医学会（たとえば日本小児科学会）では一般の人に正しい知識を提供するために、学会のホームページに健康や病気などに関するわかりやすい情報をアップしています。厚生労働省や文部科学省などの官庁や愛知県庁などの地方自治体のホームページにも信頼のできる有用な情報が載っています。まずは、これらを参考にするとよいでしょう。

　治療効果などに関する個人の印象（感想）も当てにならないことがあります。

むかし、ある病院でこんなことがありました。

Aさん 　「前に頂いたカゼ薬で、孫のカゼもだいぶ良くなりました。もう薬がないので、同じ薬をください。」
医師 　　「えっ、いつ差し上げた薬ですか？」
Aさん 　「3〜4か月前です。」
医師はカルテをめくって首を傾げ、「3〜4か月前ですか？カゼ薬は処方してないようですが…。」
Aさん 　「そんな筈はありません！」
医師 　　「でも、3〜4か月前に処方したのは胃腸薬ですよ。」

　どうもAさんは3〜4か月前に処方した胃腸薬をカゼ薬と勘違いして、カゼをひいたお孫さんに飲ませたようです。でもAさんによれば、この胃腸薬がお孫さんのカゼに効いたことになります。どうなっているのでしょう？
　カゼの多くはウイルスが原因です。ふつう特効薬もありませんし、ほとんどが数日で自然に治ります。おそらくは飲ませた薬（胃腸薬）とは別に、自然経過によってカゼの症状が軽くなってきたのでしょう。
　頭痛の患者さんのうち半分は本物の頭痛薬を、残りの半分は見た目には頭痛薬と区別できないプラセボ（有効成分なし）を飲んだところ、プラセボを飲んだ人の約4割が効いたと答えた（プラセボ効果）との報告もあります。
　健康関連商品のコマーシャルでは、よく「本人の印象です」と断って、商品を使用した人が「とてもよく効きました」と話しています。本当に効果のある商品なのでしょうか。先に述べた頭痛薬のプラセボ効果と同じ可能性があります。たとえプラセボ効果でも、効き目があれば良いともいえますが、そのために高い料金を払うのはいかがでしょう。その他、民間療法の一部にも同様なことがあります。
　今のところ、残念ながら情報リテラシーの決め手はないようです。しかし、日頃からこれまで述べてきたようなことに注意することで、次第に身について

いくものだと思います。

10. 急病と救急はどう違う

　病気はいつ起こるかわかりません。夜間や休日だって病気になることはあります。病気は休みなしの働き者（？）です。もっとも病気によっては、起こりやすい（好発する）季節や時間があります。例えば気管支ぜんそくの発作は、季節の変わり目に、夜中から明け方にかけて起こることが多いのです。それはさておき、夜間や休日に病気になった時、皆さんならどうしますか？

　夜中や休日に突然、発熱したり、咳が出たり、下痢になったり、などといった症状が出てくることは珍しくありません。このように急に症状が現れる（体の調子が悪くなる）のが「急病」です。しかし、直ちに専門的な検査や治療を受けなくてはならないケースは少なく（子どもでは1割以下といわれています）、家庭でもできる簡単な処置をして、しばらく様子をみれば良いものがほとんどです。これに対して、「急病」のうちのごく一部、急に倒れた、意識がない、呼吸が苦しい、などが緊急の対応を要する「救急」患者です。このように「救急」は「急病」の一部でしかなく、「急病」の多くは「救急」ではないのです。

　一方、「急病」に対応する医療側の事情はどうでしょう。多くの診療所（開業医）では夕方から夜の初めにかけて（午後4～7時ころ）も診療をしています。しかし、夜も9時を過ぎると通常の診療をしている所はまずありません。確かに、ある程度大きな公的病院では、夜間や休日を含む年中無休の24時間救急体制を敷いています。でも平日の通常診療時間（おおむね午前9時～午後5時）とは違い、限られた医療スタッフで診療を行っています。文字通り「救急」患者を対象としたものです。したがって、数少ない救急医療機関に「急病」の患者さんが集中すると、本来の「救急」医療に支障が出る恐れがあります。

　このため「救急」を除く「急病」（"一次救急"と呼ぶこともあります）を診療するために、全国各地で自治体とその地区の医師会が協力して休日急病診療所、休日夜間診療所、医師会急病センターなどを開設・運営しています。さらに、

各自治体は子どもの急な病気に困った保護者のために、小児救急電話相談#8000を設けています。これらの実施時間は地域によって異なり、詳細は各自治体や医師会、日本小児科学会のホームページに載っています。

　生後1か月から6歳までの乳幼児が「急病」になった時、しばらく自宅で様子を見てよいのか、直ぐに医療機関を受診した方がよいのか、判断に迷うこともあるでしょう。そんな時には、判断の目安として、日本小児科学会のホームページに載っている「こどもの救急」なども大いに参考になります。

　このように、通常の診療時間以外（いわゆる"時間外"診療）では、どうしても応急対処（取りあえずの診療）にならざるを得ないことが多く、翌日の昼間にもう一度、専門医を受診する必要があります。子どもの病状が許せば、できるだけ、診療体制の整った通常の診療時間に受診するのが良いでしょう。

引用参考文献
・早川浩・小林昭夫（2012）『テキスト子どもの病気（第2版）』日本小児医事出版社

養護教諭の職務について

森　英子

はじめに

　「養護教諭」の一般的なイメージは、「保健室の先生」、「授業がない先生」や「けがの対応や相談をする先生」に大約されます。職務内容に照らして見ると、その捉え方は正確とは言い難い面があります。なぜ、そのように捉えられるのか、その理由として、仕事の中身の具体化、時系列化、数値化にすることができにくいことがあげられます。

　しかし、児童生徒の抱える課題を整理し、解決に導く手立てを計画・立案し、実行・評価するという一連の流れを、教職員はじめ、保護者等の理解を得て進める力は不可欠です。そのためには、取り組みの一つ一つを「見える化」していく力が養護教諭に求められていると考えます。

1. 養護教諭の15の職務

　1947年、昭和22年「養護教諭は児童の養護をつかさどる」と規定されました（中学校・高等学校準用）。以来、幾多の職務内容の変化及び、職皆制の改定を経て今日に至っています。

　養護教諭の職務の特徴は、その時代、時代を生きる児童生徒が抱える健康課題の変化に合わせるように、仕事の中味が変化してきたことです。1949（昭和24）年には、養護教諭の職務として、以下の15項目が示されています。

①学校保健事業遂行の援助　　⑨健康教育の協力
②学校身体検査の準備と援助　⑩健康資料の整理と活用
③身体検査結果処理の計画と実行　⑪教職員健康保持の助言
④伝染病予防補助　　　　　　⑫学校保健事業の評価の援助
⑤救急処置の助力　　　　　　⑬環境調整の助力
⑥学校給食助言　　　　　　　⑭保健情報の収集
⑦環境衛生の援助と助言　　　⑮家庭訪問と保健指導の助言
⑧健康相談の準備と援助

　以来、養護教諭の養成大学、養成機関が、それぞれの理念の元に養護教諭を養成していきました。その目的や養成内容は多技に渡ります。そのことを受け、保健体育審議会答申（昭和47年12月）「児童生徒の健康の保持増進に関する施策について」では、養護教諭について次のように述べています。
　養護教諭は、専門的立場からすべての児童生徒の実態を的確に把握して、疾病や情緒障害、体力、栄養に関する問題等心身の健康に問題をもつ児童生徒の個別の指導にあたり、また、健康な児童生徒についても健康の保持増進に関する指導にあたるのみならず、一般教員の行う日常の教育活動にも積極的に協力する役割をもつものです。つまり、養護教諭の指導の対象は、全校児童生徒である、と示されたのです。その後も、時代の変化、児童生徒の健康課題の多様化に伴い、養護教諭の仕事内容は変わり続けてきています。

2. 職務内容の変化をもたらす4つの大きな分岐点

1) ヘルスカウンセリング（健康相談活動）の重要性

　1997（平成9）年、保健体育審議会答申（平成9年9月）では、児童生徒の心の健康問題の深刻化に伴い、児童生徒の身体的な不調の背景はいじめなどの心の健康問題がかかわっていること等のサインにいち早く気づく立場にある養護教諭の行うヘルスカウンセリング（健康相談活動）が一層重要な役割をもってきて

いる。と提言されました。

この年、養護教諭も保健主事への登用の道が開け、①企画力、②実行力、③調整力の3つを身につけることが新たに求められました。

2) 保健の教科領域の教授を担当するまたは講師となることが可能となる

それまで養護教諭は、たとえ教科免許を持っていても教科を担当することはできませんでしたが、教育職員免許法の一部改正（平成10年6月10日公布、平成10年7月1日施行）により可能となりました。このことにより、養護教諭の養成大学、機関では、「健康相談活動の理論及び方法」及び「養護概論」の科目が新設されることとなりました。

3) 養護教諭の管理職への登用が法的に可能となる

2000（平成12）年、学校教育法施行規則の一部改正（平成12年1月）が成されたためです。これ以前は、「養護教諭は管理職にはなれない」が当たり前とされてきましたが、この改正で管理職登用が進むこととなりました。

4) 養護教諭の職務が5項目に整理される

中央教育審議会答申（平成20年1月）で、保健管理、保健教育、健康相談、保健室経営、学校保健組織活動の5つが示されました。健康相談は、それまで、学校医、学校歯科医のみが担当できることでした。答申で、学校薬剤師、担任に加え養護教諭ができることになったことは大きな意味があります。

なお、養護教諭が過去1年間に把握した心の健康に関する問題等で多いものは、どの校種も、①友達との人間関係、②発達障害に関する問題、③家族との人間関係に関する問題の3つでした（表9.1）。

表9.1　養護教諭が過去1年間に把握した心の健康に関する問題等

（児童生徒千人当たりの人数）　※下線項目は、新たに設定した調査項目

	心の健康に関する主な事項	小学校	中学校	高等学校
1	いじめに関する問題	2.5	6.6	1.8
2	友達との人間関係に関する問題	8.5	23.2	18.6
3	家族との人間関係に関する問題	4.1	10.9	9.3
4	児童虐待に関する問題	2.5	2.1	0.7
5	睡眠障害に関する問題	0.4	2.2	3.0
6	<u>過換気症候群</u>	0.5	3.8	4.4
7	<u>過敏性腸症候群</u>	0.3	2.3	3.6
8	<u>上記6・7以外の心身症問題</u>	1.0	2.5	3.0
9	性に関する問題	0.3	2.8	3.1
10	摂食障害に関する問題	0.2	1.2	1.7
11	自傷行為に関する問題	0.2	4.5	3.7
12	精神疾患に関する問題 （統合失調症・うつ病等疑いを含む）	0.3	2.3	3.3
13	発達障害に関する問題 （疑いを含む）	19.4	15.3	5.8
14	その他	0.8	2.3	3.6

出所：「（平成23年度調査結果）保健室利用状況に関する調査報告書」財団法人日本学校保健会

5つの職務内容

1）保健管理

　保健管理は、養護教諭の職務の中核を成すものです。保健管理の主なものは、健康診断（定期健康診断、就学時健康診断、臨時の健康診断、職員の健康診断）、健康観察、疾病管理、救急処置、学校環境衛生の5つです。

①健康診断

　保健管理の中核にあるのが健康診断です。その種類は多岐にわたります。これらの健康診断は、法規や通達に基づいて実施しなければなりません。これらの結果を保健指導や健康相談、学校保健委員会など、保健教育に生かしていく

ことが求められています。

②健康観察

心身の健康問題を早期に発揮して適切な対応を図るためにも重要な活動です。その重要性から、学校保健安全法（平成21年4月1日施行）に健康観察が位置づけられました。健康観察の結果は、健康診断、健康相談、保健指導や学校保健委員会などにも活用されます。

また、不登校傾向やいじめなどの早期発見につながることから、この健康観察の実施から集計、結果の活用まで「マンネリ化」や「ルーティン」に終止することのないよう、養護教諭は、学校保健安全計画に位置づけて計画的に推進することが求められます。同時に保健室経営案に盛り込み、学校全体の心身の健康把握に努めることが重要です。

③疾病管理

養護教諭の仕事の対象は、「全校の児童生徒」です。一方で、特別な管理に、継続的観察及び指導が必要な児童生徒も対象としています。例えば、食物アレルギーやぜんそく、心臓、腎臓疾患等をもつ児童生徒の管理です。「個人カルテ」を作成し、定期的に主治医や保護者及び担任等と密に連携して事故の予防に努めることが求められています。守秘義務を合わせもつため情報の連携や管理のあり方についても、個々の対象毎に共通理解が必要とされます。

④救急処置

小、中、高等学校の管理職が養護教諭に最も必要な力として挙げるものが救急処置の対応です。特に学校管理下で発生する事故や疾病に対して、初期対応の正確さがその後の経過に影響します。そのため、迅速で正確な初期対応は、養護教諭の力として必須です。しかし、救急処置は養護教諭のみではできないものもあります。そのために、全教職員に対しての研修を実施することが必要となってきます。学校保健安全計画に位置づけて確実に実施することが、事故の予防にもつながってくると考えられます。

ヒューマンケア学部では、救急処置の実施や救急看護の現場での学習を臨床実習として、2年生の2月に実施しています。学生は実習先の病院で総合的に

実習することで、医療スタッフの役割や連携のあり方を学びます。医療の現場で学べることは、養護教諭として児童生徒を搬送する場合に必要なすべてを学ぶ貴重な機会につながります。この実習を通して、改めて命の大切さや誠実に取り組むことの意義を身につけていきます。

⑤学校環境衛生

　学校は集団生活の場です。学校環境衛生の管理が適切に実施されることが感染症の予防につながります。したがって、毎日の水質検査をはじめ、照度、騒音、空気や熱中症予防のための検査は、法律や規則によって確実に実施する必要があります。これらの検査以外に、養護教諭は、毎日の健康観察をはじめ、校内巡視を実施することで、これらの環境の変化や異変にいち早く気づく立場にあります。（後出の養護実習においても、学校環境衛生検査に精通していることが

資料1　学校保健計画

　学校保健計画は、保健主事が中心となって立案していきます。その年度の保健目標を掲げて、学校保健の各領域、行事案を月毎に示した上で、目標達成を図っていきます。計画は職員会で提案され、全職員で協議、承認の上、実行に移されます。ここでは、学校保健計画の区分のみを掲載します。

（学校保健計画）※区分のみ掲載

区分 月	月の重点	学校保健関連行事	保健管理		保健教育					道徳の時間（　）は内容項目	組織活動
			対人管理	対物管理	保険学習		保健指導				
					体育「保健領域」	関連教科	学級活動	個別・日常指導	児童会（保健）		

資料2　保健室経営案（経営計画）※項目のみを掲載

　保健室経営案（経営計画）は、養護教諭が立案していきます。学校保健目標を受けて、その年度の経営方針を決定していきます。それを職員会で提案し、承認を得た上で実際の経営をしていきます。ここでは、保健室経営案（経営計画）の主な項目のみ載せます。

1. 学校保健目標
2. 保健室経営の方針
3. 児童生徒の主な心身の健康状況
　　(1) 欠席の様子、(2) 身体・疾病の様子、(3) 心の健康の様子
4. 児童生徒の主な健康管理
5. 重点目標と具体的な方策　(1) 身体、(2) 心、(3) 災害、事故
6. 評価

強く求められています。集団生活をおくる学校においては、感染症予防が最も重要なことと位置づけられているからです。)

これらの5領域の具体的な内容は、「資料1学校保健計画」及び「資料2保健室経営案(経営計画)」という形で計画的に立案して具現化を図っています。

2) 保健教育

保健教育には、教科保健、保健指導、総合的な活動の時間の3つがあります。それぞれの特徴と主な内容は表9.2の通りです。

①教科保健

教科保健では、子どもが健康の大切さを認識できるようにすること、ヘルスプロモーションの考え方を生かし、生涯を通して自らの健康を適切に管理し、改善していく資質や能力を養い、実践力をつけます。小、中、高等学校それぞれに到達するべく内容が、新学習指導要領解説により整理されました。

評価の観点が以下の通り3つ示されました。(保健の評価)
・「健康・安全への関心・意欲・態度」
・「健康・安全についての思考・判断」
・「健康・安全についての知識・理解」

養護教諭免許取得に必須の養護実習においても、教科保健の保健学習は保健指導と並んで重要な実習内容となっています。そのため、新学習指導要領解説(体育・保健体育編)に示された校種別の内容の理解をはじめ、学年の目標を理解することが求められます。実習生は、それらの理解のうえで教科書を教材として指導案を作成し、資料、教具作りを行います。その際、児童生徒の発達段階の理解を求められます。こうした指導を通して、指導要領の趣旨を理解し授業を受け持つことへの責任感を養っていきます。

②保健指導

学校における保健指導は、集団指導と個別指導に分けられます。特別活動(学級活動やホームルーム)、学校行事等における集団指導と保健室等で行われる個別指導とがあります。養護教諭にとって、保健指導は主要な職務のひとつです。

表9.2　保健指導・教科保健・総合的な学習の時間の特質

	保健指導	教科保健	総合的な学習の時間
目標・性格	日常の生活における健康問題について自己決定し、対処できる能力や態度の育成、習慣化を図る。	健康を保持増進するための基礎的・基本的事項の理解を通して、思考力、判断力を高め、適切な意志決定や行動選択等ができるように心身の健康の保持増進のための実践力の育成を図る。	①自ら課題を見つけ、自ら学び、自ら考え、主体的に判断し、よりよく問題を解決する資質や能力を育てること。②学び方やものの考え方を身に付け、問題の解決や探求活動に主体的、創造的に取り組む態度を育て、自己の生き方を考えることができるようにすること。③各教科、道徳及び特別活動で身に付けた知識や技術等を相互に関連付け、学習や生活において生かし、それらが総合的に働くようにすること。
内容	各学校の児童生徒が当面している、または近い将来に当面するであろう健康に関する内容。	学校指導要領に示された教科としての一般的で基本的な心身の健康に関する内容。	国際理解、情報、環境、福祉・健康などの横断的・総合的な課題、生徒の興味・関心に基づく課題、地域や学校の特色に応じた課題などのうち健康に関する内容。
指導の機会	特別活動の学級活動、ホームルーム活動を中心に教育活動全体	体育、保健体育及び関連する教科	学校で定めた総合的な学習の時間
進め方	実態に応じた時間数を定め計画的、継続的に実践意欲を誘発しながら行う。	年間指導計画に基づき、実践的な理解が図られるよう課題解決や理解を深めるための実習などを取り入れる。体験的な学習を展開する。	自然体験や社会体験、課題解決的な学習などを積極的に取り入れ、人やものとの主体的なかかわりを通して課題解決に取り組む。
対象	集団（学級、学年、全校）または個人	集団（学級・ホームルーム等、学年）	集団（課題別グループ等）または個人
指導者	学級担任等、養護教諭、栄養教諭、学校栄養職員、学校医等	学級担任、教科担任、養護教諭（教諭兼職等）など	学級担任、教科担当、養護教諭、栄養教諭・学校栄養職員、地域の専門家等（各学校の計画による）

出所：『保健主事の手引〈三訂版〉』財団法人日本学校保健会、2004年、p.26を一部改変

　したがって、教科保健の保健学習と特別活動における保健指導の違いを理解したうえで、双方を立案、実施できる力を養うことが必要です。

3）健康相談

　健康相談は、学校保健安全法（平成21年4月施行）により、養護教諭や担任が行うものも健康相談に位置づけられました。健康相談と言うと一対一の対応と捉えがちですが、養護教諭が保健室において児童生徒と行う相談のみを指して

いるのではありません。児童生徒の健康課題のために、あらゆる関係機関や関係者との連携におけるコーディネーターの役割が求められています。健康相談の重要性という立場から、「健康相談の理解と方法」が科目として取り入れられました。

こうした事情を踏まえ、名古屋学芸大学ヒューマンケア学部では、「健康相談の理論と方法」の他に「健康相談演習」を置き発展的学習ができるよう配慮しています。学校で対応可能なものか医療機関等との連携が必要なものかを見極めるためにも、これらの科目は重要です。演習は、実際の事例を元に理論的に内容を分析し、法的根拠を理解したうえでロールプレイングを組んだり、グループワークを取り入れたりして、力量向上を図っています。健康相談は、多様化する健康課題に対応するために重要な役割を担っています。

4）保健室経営

学校保健安全法（昭和33年4月10日公布、平成20年6月18日最終改正）の第7条において、「学校には、健康診断、健康相談、保健指導、救急処置その他の保健に関する措置を行うため、保健室を設けるものとする。」と規定されています。養護教諭は保健室を中心にして職務を推進しています。保健室を管理し、運営するのは養護教諭ですが、学校教育目標の具現化をめざす経営であること、学校保健活動のセンターとしての役割があることを理解することが大切です。

日々の忙しさに流されないためにも、保健室経営計画を作成し、全職員に周知のうえで計画的に運営していくことが重要です。「養護活動演習」で保健室経営案を作成し、学生相互に批評し合うことで、より質の高い経営ができることをめざしています。

5）保健組織活動

学校保健組織には、校務分掌の組織として、職員保健部（保健厚生部）、児童生徒保健委員会、PTA で組織する PTA 保健委員会、学校保健委員会等があり

ます。子どもの心身の健康問題が多様化している現代において、学校・家庭・地域が連携して解決していく必要があります。

　特に、学校保健委員会は、職員、児童生徒、保護者のみではなく、学校薬剤師をはじめ地域の関係機関、学校医、学校歯科医が一堂に会して、学校や児童生徒が抱える健康問題について学んだり、協議したりする場です。実践化、行動化に結びつけるための工夫や活性化が求められています。

4. 実習の意義と概要

　養護教諭の免許を取得するには、学校や病院などでの実習が必要になります。名古屋学芸大学ヒューマンケア学部においては、養護実習を主に小学校を実習先として3年生前期に4週間、臨床実習を2年生後期に2週間実施しています。実習前後の学生のアンケートを見ると、実習後に「是非なりたい」が増え、実習を通して養護概論の仕事の重要性とやりがいを再確認する機会となっているようです。

1）臨床実習

　養護教諭普通免許状を得るためには、看護学（臨床実習及び救急処置を含む）科目の履修が必要であることが、教育職員免許法施行規則第9条に規定されています。

臨床実習のねらい
(1) 健康障害（課題）をもつ人の心身の状態を理解する
(2) 対象の健康問題を適切にとらえ、医療的アプローチを理解する
(3) 既習の知識をもとに医療や看護の実際を見学や体験することをとおして、医療や看護の役割と諸活動を理解する
(4) 保健・医療・福祉チームにおける各職種の役割と機能を理解し、連携のための組織的活動を理解する
(5) 養護教諭に必要な資質を探求するための基本的技能を習得する

病院での臨床実習は、養護教諭となって、小、中、高等学校に勤務した場合、最も身近な連携機関となります。そのため病院の組織を理解したり、一人一人の役割や連携のあり方について学んだりする機会です。病院を内部から学ぶ貴重な実習となります。

2) 養護実習

　養護教諭普通免許状取得のためには、「養護実習」の単位取得が必要であると、教育職員免許法第5条に規定されています。

養護実習のねらい
(1) 教育活動や学校保健活動を通して、養護教諭の役割や学校組織の一員としての立場を理解する。
(2) 保健室経営および養護教諭の職務の実際を理解し、必要な技術を習得する。
(3) 児童・生徒の健康問題の特質を理解し、適切な取り組みができる能力を養う。
(4) 研究活動の実践を知るとともに、実践的な研究能力を養う。
(5) 養護教諭の活動を体験する中から、自己の課題について発見する。

　養護実習は、大学での学びを実践的に展開し、実習校で、養護教諭として必要な知識や技術を体験的に学習することをめざしています。この実習を通して、学校長が掲げる教育目標実現のために、全教職員が組織の一員としての役割を自覚して、協力しながら教育を推進していることを学びます。児童生徒との関わりや保護者や学校医をはじめ各種関係機関との連携の実際を学ぶ機会ともなっています。
　これら2つの実習以外に、教科保健の免許を取得する学生は、介護等体験が必要となります。
　養護教諭の仕事は、児童生徒が抱える健康課題の変化に応じて、職の内容が変化してきている経緯があります。その内容は多岐にわたっています。それに答えるためにも求められている力を養うことが何よりも重要です。

引用参考文献

- 采女智津江（2015）『新養護概説〈第8版〉』少年写真新聞社
- 日本学校保健会編（2015）『学校保健の動向　平成27年度版』公益財団法人日本学校保健会
- 日本学校保健会編（2001）『養護教諭が行う健康相談活動の進め方』
- 日本学校保健会（2006）『児童生徒の健康診断マニュアル（改訂版）』
- 文部科学省初等中等教育局（2013）「児童生徒の問題行動等生徒指導上の諸問題に関する調査」
- 文部科学省（2009）『養護教諭のための児童虐待対応の手引』
- 文部科学省スポーツ・青少年局学校保健教育課（2002）『児童生徒の心の健康と生活習慣に関する調査報告書』

健康格差の縮小につながる思春期の健康教育

近森 けいこ

1. 健康格差を生み出すもの

　近年、わが国においては「健康格差」という言葉を聞くようになりました。もともとは高齢者を中心とした大人社会で使われている言葉で所得をはじめとした学歴、職業階層などの社会経済的地位の格差が健康格差につながることを指摘しています。例えば、高齢男性の低所得者は高所得者に比べて、うつが7倍、死亡率が3倍高いという事実があります。

　海外でも「健康格差」あるいは「健康の不平等」問題は大きな関心を集めています。つまり、学歴、職業階層、所得、あるいは就業状態など、いろいろな指標で見た社会経済的地位が低いほど、不健康や死亡が多い（近藤　2010）ということです。そして、問題はこうした格差が拡大していることです。

　格差を縮小するためには何をしたらよいのでしょう。答えを突き詰めていくと、社会政策や社会のあり方までも考えざるを得なくなります。が、この章では、あくまでも「子ども」を対象に、健康格差が拡大する前の段階、すなわち、学校で何ができるのか、教育的側面から考えていこうと思います。ここで着目すべき点は、人は一人だけでは生きられないことです。人が生き抜くためには、いい仲間や社会が必要であるということです。その点、学校は同年齢の子どもたちを集めて一斉に指導できる機会をもち、格差社会を生き抜くための教育を系統的に展開する好環境にあるといえます。

2. 主要死亡原因から見えてくるもの

　わが国の 25 歳以上の主要死亡原因は、悪性新生物（がん）、心疾患、脳血管疾患で、全体の約 60％を占めています。これらの疾患は生活習慣病と呼ばれ、喫煙、過度の飲酒、偏った食生活、運動不足などの日々の生活行動が深く関わっています。

　では、5〜24 歳の主要死亡原因は何でしょうか。自殺及び（交通事故を含む）不慮の事故が多く、全体の 60％を占めています。これらの死因も実は 25 歳以上の死因と同様に「行動」が関わっているのです（厚生労働省　2015）。

　アメリカの CDC（疾病管理・予防センター）は、次の 6 つの危険行動を示しました。

① 故意または不慮の事故に関する行動
② 喫煙
③ 飲酒および薬物乱用
④ 望まない妊娠、HIV を含む性感染症に関係する性行動
⑤ 不健康な食生活
⑥ 運動不足

　これらの行動はアメリカにおける健康問題の分析結果に基づいて、青少年の現在及び将来の健康に深く関わっています。これら 6 つの行動を防止することが、現代社会の健康問題の解決にとって具体的目標となります。

　また、危険行動の特徴は二つあり、まず、青少年期に形成され、学年が進むにつれて習慣化し、より深刻化することです。例えば、危険行動の一つである早期の性行動として中学・高校生の性交経験率を取り上げて見てみると、中学生においては 20 年前（1987 年）と比較して、男女ともそれほど大きな変化は見られずに、2〜3％前後でその割合は推移していました。一方、高校生においては 20 年前の男子は 11.5％、女子は 8.7％でしたが、その後男女ともにその割合は急激に増加し、10 年前（2005 年）の段階で女子が男子の経験率を上回って（女子：30.0％、男子：26.6％）いました。そのため、できるだけ早い段階においてこ

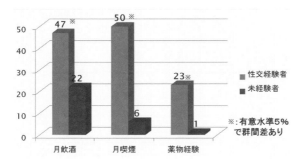

図10.1　性行動と喫煙，飲酒，薬物乱用行動との関係（中学生男）
出所：川畑徹朗ほか（2007）より作成

うした行動を防止することが重要と考えられます。もう一つは、こうした行動は相互に関連性が強いことです（図10.1）。この点については、さまざまな危険行動に対して何らかの共通の要因が作用していることが考えられます。

3. 健康教育の歴史

　わが国においては今までどのような健康教育がなされてきたのでしょう。歴史を遡って見ていきます（JKYBライフスキル教育研究会編（2014）に基づく）。

1) 古典的健康教育

　今日の行動変容を促す健康教育の出発点は1950、1960年代に行われた古典的健康教育の失敗にあります。この時期の健康教育は教師が一方的に子どもたちに話し、知識を受け渡す別名「知識中心型」、もしくは、動物実験などを用いてよりインパクトのある手法で子どもたちの恐怖心を煽り、危険行動をとらせないようにする「脅し型」の教育でした。

　しかし、こうした古典的健康教育のほとんどは、行動面における効果はなく、逆に危険行動を助長する場合もあったのです。なぜでしょうか。その最大の理由は、知識を与え、態度を変えることは、青少年の危険行動に関わる多くの要因のうちの一部に働きかけているに過ぎなかったからです。

図10.2　古典的健康教育

　また、動物実験などの結果を人間に適用することは無理がありました。というのも、思春期は論理的思考力や批判的思考力が急激に発達する時期であり、あまりに誇張された実験結果と日常目の当たりにする健康影響との間の著しい差に気づき、それまで学習してきた内容のすべてを信用しなくなる可能性があります。とりわけ大人や社会に対する反抗心が強い青少年の場合は、そうした傾向が強いと考えられます。

2）社会的要因への対処スキルに焦点を当てた健康教育

　古典的健康教育の失敗を受けて欧米では、青少年の喫煙開始の要因についての研究が1960年代から1970年代にかけて進展し、喫煙開始には、両親、きょうだい、友人などの周囲の人々の行動や態度が大きな影響を及ぼすことが明らかになりました。青少年の周囲に飲酒や喫煙をする人が多ければ、そうした人々の行動を観察、模倣し、身体的もしくは心理社会的に何らかのメリットを受ける経験を重ねるうちに、行動は強化され、習慣化していく可能性は高くなると考えられます。とりわけ思春期は、親の影響力は低下する一方、友人の影響力が大きくなるといわれています（図10.3）。

　また、テレビや雑誌によるたばこや酒類の宣伝・広告は、喫煙や飲酒に対して肯定的なイメージを形成すると考えられます。あるいは、ドラマに登場する魅力的な俳優が喫煙や飲酒を頻繁にするシーンが出てきたらどうでしょう。喫煙や飲酒によって、自分も魅力的な人物になれるのではないかという考えに至ったとしても不思議ではありません。

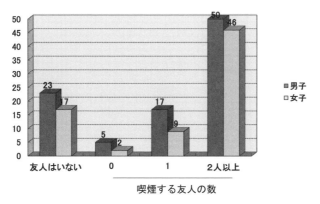

図10.3 友人の喫煙行動と高校生の喫煙行動との関係
出所：川畑ほか（1991）より作成

　この時期に開発された行動変容を促す健康教育は、こうした喫煙開始を促す社会的要因の存在に気づかせるとともに、マスメディアのメッセージを批判的に分析したり、友人から喫煙を勧められるようなプレッシャーを拒否したりするスキルをロールプレイングによって習得させようとしました。

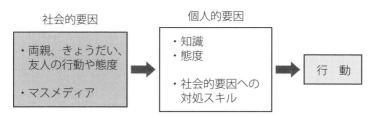

図10.4 社会的要因への対処スキルの形成に焦点を当てた健康教育

　こうした社会的要因への対処スキルの形成に焦点を当てたプログラムは、その後多くの研究によって、青少年の喫煙を始めとする危険行動の防止に有効であることが明らかになり、今日の健康教育のモデルの一つとなっています。

3）ライフスキル（心の能力）の形成に焦点を当てた健康教育

　1970年代以降になると、社会的要因の影響を受けやすい青少年の特徴が明ら

かになりました。特に、自分には能力がない／価値がないと感じていたり（低いセルフエスティーム）、自分の考えや気持ちを相手に効果的に伝えるコミュニケーションスキル、感情やストレスを上手にコントロールするストレス対処スキル、問題が起こった時に解決策をいくつか挙げ合理的に選択する意志決定スキルなど、人生をよりよく生きて行くうえで不可欠な心理社会能力（ライフスキル）が低い青少年が、社会的要因の影響を受けてさまざまな危険行動をとりやすいことが判明しました。

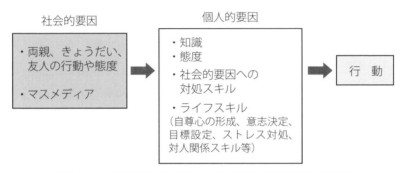

図10.5　ライフスキル（心の能力）の形成に焦点を当てた健康教育

4. 青少年の危険行動とライフスキルとの関係

　ライフスキル形成に基礎を置く健康教育プログラムの有効性が明らかになるにつれて、喫煙、飲酒、薬物乱用、思春期妊娠やエイズ感染の危険性が高い性行動といった、青少年の現在及び将来の身体的健康に直接つながる行動だけではなく、いじめ、暴力、不登校、学業不振など、青少年の反社会的、非社会的行動の防止にもライフスキル教育は適用されるようになり、現在に至っています。このことは即ち、思春期のさまざまな危険行動には、共通してセルフエスティーム形成などのライフスキルの問題が関わっていて、ライフスキルの形成なくしては本質的な解決に至らないと考えられます。

5. 「生きる力」とライフスキル

　ライフスキルの形成は、思春期のさまざまな危険行動を防止するのに有効なだけではなく、学校教育の基本目標である「生きる力」の形成にも役に立っています。図10.6には、ライフスキルと「生きる力」を対比して示しました。なお、ここには「生きる力」のもう一つの要素である「たくましく生きるための健康や体力」は示していません。なぜなら、ライフスキルは「心理社会能力」に限定されるからです。

生きる力	ライフスキル
・変化の激しいこれからの社会を生きていくために必要な資質や能力	・日常生活で生じるさまざまな問題や要求に対して、建設的かつ効果的に対処するために必要な心理社会能力
・自分で課題を見つけ、自ら学び、自ら考え、主体的に判断し、行動し、よりよく問題を解決する資質や能力 ・自らを律しつつ、他人とともに協調し、他人を思いやる心や感動をする心など、豊かな人間性	・目標設定スキル ・意志決定スキル ・ストレス対処スキル ・対人関係スキル ・セルフエスティーム形成スキル

図10.6　「生きる力」とライフスキル

　「生きる力」の第一の要素と強く関連するのが、目標設定スキルと意志決定スキルです。例えば目標設定スキルに優れた子どもは、自分の能力や資源などを考慮したうえで、達成可能な現実的な目標を設定することができますし、最終目標に到達するための手順を整理し、短期目標を設定し、綿密な計画を立てたうえで行動を起こすことができます。また意志決定スキルに優れた子どもは、問題解決のための選択肢を柔軟に挙げることができ、各選択肢がもたらす結果を予測し、最善の決定を下すことができます。
　「生きる力」の第二の要素と強い関連性があるのが、ストレス対処スキルと対人関係スキル（社会的スキル）です。現代社会において、ストレスや不快な感情

は程度の差こそあれ、日々感じながら過ごしています。これらの最大の原因の一つは人間関係の問題といわれています。そこで、適切な対人関係スキルを獲得することによって、不必要なストレスの原因を最小限度に留めることができます。また、リラクゼーションや深呼吸、あるいは問題状況に対する見方を変えることによって、ストレスの悪影響を緩和することもできます。

最後に、高いセルフエスティームをもつことは、「生きる力」やライフスキルの基盤となります。

6. セルフエスティームの概要

1) セルフエスティーム形成スキルと他のライフスキルとの関係

セルフエスティームとは、端的にいえば人が自分自身をどう見ているか自分に対するイメージのことです。図10.7は、セルフエスティームが、自分らしく、よりよく生きていくための基盤であり、セルフエスティームが高ければ他のライフスキルも優れ、人生上のさまざまな問題を建設的かつ効果的に解決する可能性が大きいこと、また日常の具体的問題を解決する経験を積み重ねることによってセルフエスティームが高まることを示します。

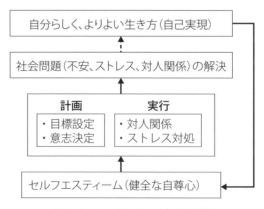

図10.7 5つのライフスキルの関係

2) セルフエスティームの学年推移

図10.8 に示すように家族関係に関するセルフエスティームは、思春期を通じて全般的なセルフエスティームと密接に関係があり、子どもたちの考え方や行動に大きな影響を与え続けます。家族関係に関するセルフエスティームとは、自分が家族から愛され、尊重されていると感じたり、家族の一員であることを誇りに思ったりする気持ちを表し、セルフエスティームの柱の一つである「自己尊重感」の中心的内容です。この時期は友人との関わりも強くなりますが、その根底には家族の支えがあって、よりよい友人関係を築くことができると考えられます。

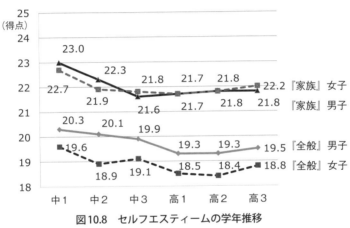

図10.8　セルフエスティームの学年推移

出所：日本学校保健会「平成24年度メディアリテラシーと子どもの健康調査委員会報告書」より
JKYBライフスキル教育研究会（2016a）が作成し、一部改変

学校は、家族の機能に取って代わることはできません。けれども、その機能が低下した家庭に育った子どもたちが抱える問題を緩和することはできますし、系統的なセルフエスティーム教育を実施することによって、すべての子どもたちのセルフエスティームの成長を助けることができます。

3) セルフエスティーム形成に影響する要因

子どもたちのセルフエスティーム形成にとって重要な時期は、乳幼児期と思

春期です。乳幼児期においてセルフエスティームの形成に最も重要な役割を果たすのは親です。この時期に大人から愛され、尊重され、価値を認められ自信をもつように励まされるかどうかによってセルフエスティームが育ったり、育たなかったりします。つまり、この時期のセルフエスティームは親を始めとする周囲の人の意識的・無意識的働きかけによって受動的に育つものであるといえます。

ところが、思春期以降については、自身のセルフエスティームを育てるような生き方をするのか、しないのか、日々の生活の中で常に選択を迫られます。セルフエスティームを高める生き方とは、人生上の重要な問題に対して主体的に考え、選択し、決定し、生じた結果に対して責任をもつという生き方です。

学校は、系統的なライフスキル教育を実施することによって、子どもたちがそうした生き方をすることを支援できるでしょう（図10.9）。

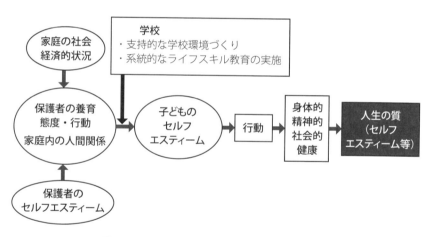

図10.9 セルフエスティーム形成に影響する要因
出所：JKYBライフスキル教育研究会（2016b）

4) 参加型学習のメリット

ライフスキル教育の具体的な展開例については、紙面の都合上示すことはできませんが、ライフスキル教育は、小集団を中心とする参加型学習です。

参加型学習のメリットは次の点にあります（JKYB研究会　2005）。

・子どもたちは、自分たちの経験や知識をもとに、自らの力で解決の方法を見つけ、実際に課題に解決する経験を積むことによって、自己有能感が高まる。
・子どもたちは、協同作業の中でお互いの長所や能力を認め合うことによって、自己価値（尊重）感が高まる。
・子どもたちは、相互作用が起こる過程において自他の意見を調整する機会を持ち、対人関係能力が育つ。

　こうした教育を展開することで、確実に子どもたちのセルフエスティームを中心としたライフスキルを高めることができます。そのためには、まず、教師が正しい学習内容・方法を体得しなければなりません。機会があれば、JKYBライフスキル教育研究会が主催するワークショップにご参加ください。

　子どもたちが人生の早期にライフスキル教育に出会い、セルフエスティームをはじめとするライフスキルを獲得し、危険行動を避け、健康格差社会をものともせずに自分の夢に向かって挑戦することができるような世の中になるように祈っています。

引用参考文献
・川畑徹朗ほか（1991）「青少年の喫煙・飲酒行動—Japan Know Your Body Studyの結果より」『日本公衆衛生雑誌』38：885-899
・川畑徹朗ほか（2007）「中・高校生の性行動の実態とその関連要因」日本学校保健学会『学校保健研究』49（5）：335-347
・厚生労働省（2015）「平成26年人口動態統計月報年計の概況」http://www.mhlw.go.jp/toukei/saikin/hw/jinkou/geppo/nengai14/index.html（2019年1月10日最終閲覧）
・近藤克則（2010）『健康格差社会を生き抜く』朝日新書
・JKYB研究会編著（2005）『ライフスキルを育む喫煙防止教育NICE Ⅱ』東山書房
・JKYBライフスキル教育研究会編（2016a）「第25回JKYBライフスキル教育・健康教育ワークショップ報告書」
・JKYBライフスキル教育研究会（2016b）第2回シンポジウムパンフレット「学校におけるいじめ対策—未然防止に焦点を当てて—」
・WHO編（1997）『WHOライフスキル教育プログラム』大修館書店
・日本学校保健会（2013）『平成24年度メディアリテラシーと子どもの健康調査委員会報告書』

子どもの心を「注意の働き」から理解する

今井 正司

はじめに

　私たちは普段からさまざまなことに「注意」を向けて生活しています。集中したいものに意図的に注意を向けられる場合もあれば、見たくないものや聞きたくないものに対しても自動的に注意を向けてしまうことがあります。例えば、騒がしい電車の中で読書をしている状況を想像してみてください。読書に集中できている時は、雑音を無視して、本の内容に注意を（意図的に）向けられているはずです。反対に、本の内容に注意を向けようとしても、周囲の雑音に注意が（自動的に）向いてしまい、読んでいる内容が頭に入ってこない時もあります。このように、注意はコントロールできる時もあれば、コントロールできない時もあり、その能力には個人差があります。また、注意をコントロールする能力（注意制御能力）は、心の状態を知る手がかりにもなります。イライラしていたり疲れている時など、心や体の調子が思わしくない時には、いつもは集中できていることでも集中できなかったり、反対に集中したくないものに注意が向いてしまったりすることがあります。これらの注意制御能力は、生まれてから徐々に鍛えられていくものです。とりわけ、子どもの注意制御能力は心の成長と大きく関係する重要な能力であることから、私は注意制御能力を「心の背骨」だと考えています。この章では、注意能力の分類、そして、子どもの心の成長に注意制御能力がどのように関連しているかについて概説しながら、子どもの注意制御能力をどのように伸ばしたらよいかということについても考えていきたいと思います。

1. さまざまな注意能力の分類

　私たちはさまざまな注意能力を用いて生活していますが、「注意とは何か」ということを説明することは難しいのではないでしょうか。注意について研究をしている科学者でさえも、注意とは何かについて完全に説明することは困難だといわれています。まずは、この章を読むうえで必要な「注意の能力」について、大まかに分類したいと思います。

1) 注意のモードに関する分類

　はじめに、「制御モード」という観点からの分類を紹介します。これは、意図的に注意を向けている状態（能動的制御）と自然に注意を向けてしまう状態（受動的制御）の2つに分類されます。先ほどの「電車での読書」は、これらの制御モードの一例です。能動的制御の特徴としては、意図や努力によって注意を対象に向けるモードです。もう一方の受動的注意の特徴は、自動性が強く注意を向ける努力を必要としないモードです。注意を向けたくないものにも意図的に向けることができれば能動的制御が働いているといえますが、向けたくないものに注意が向いてしまうのであれば受動的制御が働いているといえます。

2) 注意の方向性に関する分類

　注意は「方向性」と呼ばれる観点からも分類されます。注意の方向性は「選択的注意」「転換的注意」「分割的注意」の3つに大別することができます。

　選択的注意とは、一つの物事（方向）に注意を向けることを意味しています。その特徴を示した理論として最も有名なものに「カクテルパーティー効果」があります。パーティー会場などではさまざまな声や雑音が飛び交っていますが、そのような環境であっても、話している相手の声は聞き取れるという注意の状態を説明した理論です（この場合は能動的制御モードで選択的注意が働いています）。また、そのような騒がしい環境でも、自分の名前がどこかで呼ばれれば、敏感に反応してしまうのも選択的注意が働いているといえます（この場合は受動

的制御モードで選択的注意が働いています)。

　転換的注意とは、一つの物事(方向)から別の物事(方向)に注意を向けることを意味しています。集中して遊んでいることを中断して勉強に集中するというのは、転換的注意を能動的に働かせないと難しい活動です。転換的注意がうまくいく状態を「解放」と表現し、反対に、転換的注意がうまくいかない状態を「固着」と表現します。誰にとっても集中している物事を中断して別の物事に注意を転換させる活動は難しく感じるものです。また、自分にとって楽しい(親和性が高い)物事への注意は転換が容易ですが、不快に感じやすい物事に対しては注意の転換が難しいと言われています。

　分割的注意とは、複数の物事(方向)に同時に注意を向けることを意味しています。日本人であれば聖徳太子の「10人の話を同時に聞いた」という逸話を聞いたことがあると思います。この集中の仕方がまさに分割的注意だといえます。分割的注意は複数の物事(方向性)に一度に注意を向けるため、他の「注意の方向性」よりも多くの集中力が必要とされます。

3) 注意の活動性に関する分類

　注意の分類は、上述した「モード」や「方向性」以外にも「活動性」という分類があります。例えば、注意を向けたいものに素早く注意を向けるためには「覚醒」が高くなければなりません。眠い時、すぐに注意力を発揮するのは難しいと感じたことがあると思いますが、この場合は、「覚醒」が低いといえます。注意の「覚醒」の特徴としては、興味のあるものや嫌悪的なものに対しては、素早く覚醒することです。つまり、興奮したり恐怖を感じたりするものに対しては、注意が機能しやすい特徴を有しています。このような特徴は、多くの動物にも見られる傾向です。おそらく、生命を維持するためには、興味のあるもの(食べ物)を素早く見つけ、他の種(動物)より早く採取したり、敵(捕食者)に素早く反応し、逃げる、または、戦う準備をする能力が備わっているものだと考えられます。また、「覚醒」の他にも「持続」や「精度」という特徴が注意にはあります。まず、注意の「持続」とは、一つのものに注意し続けたり、同時

に注意し続けるなど、ある「方向性」の「モード」を続ける傾向を意味しています。図書館で勉強している時に、近くの人たちの声がずっと気になっているというのは、受動的方向性の選択的注意のモードが持続しているといえます。反対に、嫌いな数学の問題に粘り強く何時間も取り組んでいるというのは、能動的方向性の選択的注意のモードが持続しているとも考えられます。次に、注意の「精度」とは、「注意深さ」という概念と似ている機能です。集中してテスト問題に取り組み続けていたにもかかわらず、ケアレスミスをいくつもしてしまうというのは、「精度」の低い注意が原因かもしれません。

注意の「覚醒」「持続」「精度」に共通した特徴は、「動機づけ」と呼ばれる概念に関連していることです。つまり、これらの3つの注意の特徴が機能している場合は、一般的に「動機づけ」が高いと評価されます（日常的には「やる気がある」と評価されます）。しかし、これらの注意力に関する評価は、感覚的であることが多いため、本当は注意力が弱いにもかかわらず、注意力が十分にあると捉えられることもあります。たとえば、算数がとても得意な子が計算ドリルを素早く解いている時は、注意の能力を本当に十分使っているのでしょうか（使っていないことが多いようです）。それでは、どのように注意力を評価すれば良いかということについて、考えていきたいと思います。

4) 注意の分類からわかること

これまでの説明から、注意にはさまざまな分類があることがわかっていただけたと思います。これらの分類とその特徴を正しく理解すると、どういった注意力が重要であり、どのような注意力が自分に不足しているかがわかります。ただ、気をつけなければいけないのは、注意の能力に「良い」とか「悪い」というものはなく、自分の暮らしに必要かどうかということが重要だということです。例えば、受動的に選択的注意が素早く向いてしまう「覚醒度が高い受動的選択的注意」は、危険を素早く察知して回避するためには重要な注意の能力です（自然界の動物にはなくてはならない機能です）。しかし、それらの機能が過剰だと、常に危険（だと思うもの）が目に入ってしまい、不安な心理状態が続いて

しまいます。つまり、「覚醒が高い受動的選択的注意」は、良くも悪くもなく、環境によって制御できたり使い分けられることが重要だといえます。

　教育相談のカウンセリングを行っていると、「うちの子は、大好きなゲームなどには、すぐに集中してやり続ける力はあります。でも、集中しすぎで、ゲームから勉強に切り替えることができません……。やっと勉強をやり始めたと思ったら、すぐに勉強をやめてしまいます……。」という悩みを保護者の方からうかがうことがあります。この状態は注意の分類にしたがうと、「覚醒度が高い受動的選択的注意を有しているが、能動的な転換的注意能力は弱く、その持続機能も弱い状態（固着が強い・解放できない）」ということができます。ゲームをしている姿について詳細に聞くと、「同じ場面で何度も失敗しているようで、クリアーできないことにイラついているようで、私には、何を焦ってやっているんだろと思うこともあります」と不思議に思われていることがあります。つまり、この場合は、注意の「精度」が低い状態だといえ、必ずしも、総合的には、注意力が高い（制御できている）とは判断できない状態だと考えられます。この事例の場合は、覚醒が高い能動的な転換的注意の機能を使って、（気の乗らない）勉強に意識を移し、勉強に一旦取り組んだら、高い精度と強い持続の注意によって、勉強に取り組むことが求められるかもしれません。次のセクションからは、このような注意の分類（特徴）と子どもの成長がどのように関連しているかについて、考えていきたいと思います。

2. 子どもの成長と注意制御能力

　子どもの心が発達するということは、さまざまな注意機能の特徴を環境に応じて制御できるようになることだといっても過言ではありません。しかし、幼少期の子どもたちは注意を制御しようとする意図をもっていなかったり、また、注意を制御しようと思っても、思い通りにできないことが多くあります。例えば、生まれて間もない子どもは、注目しているものから視線を外すことができずに泣き出してしまうことがあります（能動的な転換的注意能力が発達途中

だからです)。しかし、成長に伴い、注目したいものを自由に観察できるようになり、次第に、自分が注目しているものを親しい人と共有したい(同じ物に注意を向けて欲しい)という「共同注意」という現象が出てきます。この共同注意は共感の芽生えとして、心理学ではとても重要な現象として捉えられています(この共同注意という現象がなぜ共感能力と関係するのかについて後に説明したいと思います)。本節では、受動的注意を生かした子どもの心を知る方法や理論とともに、能動的注意制御能力の発達と社会性の芽生えとの関連性について紹介したいと思います。

1) 視覚的な注意制御能力と社会性の芽生えとの関係：目を見て目を向けさせる

　赤ちゃんは生まれてからしばらくすると、人の顔をじっと見るようになります。赤ちゃんの視力は0.01〜0.03ぐらいしかないので、はっきりとは私たちの顔は見えていませんが、それでも、両目と鼻を結ぶ逆三角形の点の配置に興味関心を寄せていることが、さまざまな研究で確認されています。つまり、生まれつき、人の目を見ようとする機能がヒトには備わっているのです。ヒトの目は他の動物と違って、強膜(白眼)と瞳孔(黒目)のコントラストがはっきりしています。犬や猿など、他の動物の瞳を図鑑などで確認してみるとわかりますが、ヒト以外の哺乳類は強膜(白眼)の露出が少なく、瞳孔のコントラストがほとんど明確ではありません。つまり、ヒトの目の動きは、他の動物よりも認識しやすいといえます。洋の東西を問わず、「目は口ほどにものをいう」という諺がありますが、ヒトは目の動きでさまざまなことを伝えたり、伝えられる存在です。動物社会においては、自分のことが読み取られてしまうことは、生命の危機につながりますので、読み取られないように瞳の色彩にコントラストがない方が、都合がいいのかもしれません(捕食されそうな時に右に逃げようとして、右に瞳孔が動いてしまうことを把握されることは、捕食されてしまう確率を高めます)。

　ヒトは目の動きから「何をみているか」「どんな気持ちか」を読み取ることができます。ただ、これらの視線や相手の目に興味を示さない子どもたちもいます。それらの子の多くは自閉スペクトラム症などの神経発達障害を有している

ことがあり、支援現場では「子どもと目が合わない」と保育園や幼稚園の先生から報告されることも多々あります。

　1歳前後ぐらいになると、単純に瞳を合わせることから、お互いの瞳を同じ方向（物）に向けようとする「共同注意」が始まります。この頃の子どもは、親しいヒト（親など）に、自分が興味をもっている物を指さしながら、一緒に見ることを促してきます。この指差し行動は「ポインティング」と呼ばれており、共同注意に必要な能力であり、乳児健診の質問項目にも加えられています。同じモノに注意を向けたいという意図の働きは、やがて、物理的なモノから抽象的なモノへ移行します。例えば、友だちが泣いていたら、友だちの「悲しい気持ち」について共有する（共に注目する）ようになります。この現象を「共感」と呼びます。思いやりや共感の心を育てる一つの手がかりとしては、注意を他者の視点に立って向けたり、他者の心に向けることです。このように他者の視点に注意して考えることを「視点取得」と呼びます。視点取得能力の状態を簡単に確かめる方法には次のようなものがあります。紙の表には「りんご」が描かれており、裏には「みかん」が描かれているボードを子どもに見せた後、表面を子どもに向けた状態で、「私が見ている果物はなんでしょう？」と質問します。他人の視点に注意が向けられない場合（視点取得が弱い状態）は、「りんご」と答えてしまいます（多くの幼児期のお子さんは「りんご」と答えます）。これらの視点取得をスムーズに行うためには、注意を柔軟に転換することが重要になります。

2）児童における学校適応や学習の問題と注意制御能力

　注意制御の能力は、小さな子どもの心を健やかに育む重要な要因です。この重要な能力は、小学校に入ってからは、勉強面においても重要性が増します。保育園や幼稚園の時とは異なり、本格的な勉強が始まり、友人関係も次第に複雑になっていくためです。学校生活では、先生の話を聞きながら、黒板の文字を手元のノートに写すという複雑な注意制御機能を用いて勉強を進めます。しかし、これらの注意制御機能は誰でも最初から器用に使いこなせるというわけ

ではありません。中には、うまく使えないことで勉強に支障をきたしてしまう子どももいます。私たちも普段の読書の中で、読んでいる行から次の行に目を移そうとしたにもかかわらず、今読んでいた行に再び目を移してしまったという経験があるはずです。多くの人が少なからずこのような経験をしていますが、中には、この状態が頻繁に続いてしまい、教科書をうまく読めないという子どもたちがいます。このような子たちの視覚的注意を視線追尾装置を用いて計測すると、上手に視覚の注意を使えていないことがわかります（図11.1(a)を参照）。つまり、教科書のいろいろなところに視線が散ってしまい、次の行に視線を上手に移せないでいます。これらの状態を改善するために、ビジョントレーニングを行うと、周辺視などを上手に使って読めるようになります（図11.1(b)を参照）。

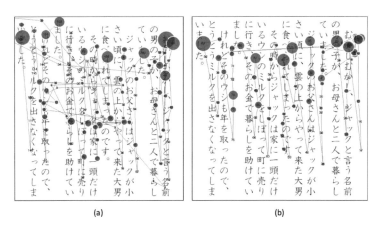

図11.1：本文を読んでいる時の視線の動きに関するイメージ（a：支援前／b：支援後）
丸は視線が止まっている部分を表しており、その大きさは視線が止まっている時間が長いほど大きく表現されている。また、丸の中に表記されている数字は、視線を動かした順序を表している。

このような視覚的注意を上手に使うことは、友人関係にも影響してきます。例えば、私たちは、相手の表情全体を見て、相手の気持ちなどを理解しようとします。そのためには、目だけを見るのではなく、目を中心に顔全体を見ることが必要です。私たちの顔のパーツで大きな部位は目と口です。そして、これ

らのパーツは感情を表すパーツでもありますが、それらを部分的に見ていても、相手の感情を理解できない場合が多くあります。このように部分的に集中するような注意を局所処理と呼び、反対に全体的に注意をめぐらすことを大域処理と呼びます（図11.2）。

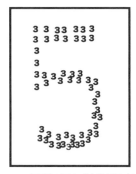

図11.2　局所処理と大域処理（左：ネイボン課題／右：男児3歳の表情）
左に提示されたネイボン課題を局所処理によって数字判別を行った場合は「3」である。反対に大域処理による数字判別は「5」である。右に提示された男児の写真は、オタマジャクシを生まれて初めて触った喜びと怖さが入り混じった表情を撮ったものである。局所処理（目のみ・口のみに注意を向けた処理）による判別では、どのような気持ちであるかという判別は難しい。

教育場面では「話している人の顔を見ましょう」「顔を見て挨拶をしましょう」と言いますが、これらの指導には、科学的な意味があるということです。顔全体を見ながら表情を判断することについては、多くの方は意識しなくてもできることが多いですが、子どもの中には、顔の部分的なパーツをみて相手の気持ちを判断していたり、目ではなく口にのみ注意が集中して相手の表情を判断している場合もあります。そのような場合は、相手の表情から気持ちを読み取ることが難しくなります。このような問題を抱えている子どもたちに対しては、「顔の表情と感情を対応させたイラスト」を用いて、相手の感情を推定するトレーニングを行うこともあります。

3）児童生徒における心の健康と注意制御能力

　注意の働きを整えることは、これまで紹介してきた社会性の発達や学習の問

題だけではなく、「心の健康」にとっても重要であることがわかってきました。例えば、睡眠時間を十分にとっているにもかかわらず、疲れがとれていない気がしたり、授業に集中したい気持ちがあるのに、ぼんやりしてしまい、なかなか集中できない子どもたちがいます。これらの慢性的疲労の症状を抱えている子どもたちは決して少なくありません。これらの慢性的疲労は、寝れば治るという単純な疲れ（急性疲労）とは異なることがわかってきました。これらの原因については、さまざまな観点から研究されていますが、心理的な要因については、注意の能力が関連しており、後ほど紹介する「注意トレーニング」によって、改善する見込みがあることが明らかになりつつあります。また、注意の土台を整えるには、睡眠を十分にとることも大切ですが、食生活、運動、余暇などの生活習慣全体が、これらの注意を鍛える土台になることも報告されていることから、生活習慣を整えながら、注意トレーニングをすることがポイントになります。

　慢性的な疲労と同様に、深刻な心の問題としては「抑うつ症状」があげられます。抑うつ症状は、気分の落ち込みを主訴とする症状で、実際のカウンセリング場面においては、生活習慣を整えながら、カウンセリングを行っていきます。しかし、これらの子どもの抑うつ症状にも、注意制御能力が関連していることが明らかになっています。私たちの研究では、抑うつ症状を軽減させるためには、注意制御能力を鍛え、自分の感情や思考から距離をとれる状態（マインドフルネス）を涵養することがポイントとなることを明らかにしてきました（西・今井・金山・熊野　2014）。次節からは、マインドフルネスの身につけ方などについて考えていきたいと思います。

3. 子どもの「心の背骨」を育てる：神経行動教育学の可能性

　これまで見てきたように、学校適応や学習能力の基礎には注意制御能力が大きく関わっていることが、ご理解いただけたのではないでしょうか。私は臨床

心理学分野においては、これらの注意を含めた神経心理学的機能を向上させることでさまざまな効果をもたらす「神経行動療法」という治療介入技法の開発に取り組んでいます（今井　2013）。教育分野においては「神経教育学（Neuro-Education）」という分野が海外で盛んになりつつありますが、臨床心理（心の健康）においても、教育心理（学習・学校適応）においても、注意機能をはじめとした神経機能が重要な要因だと私は感じています。そこで、これらの臨床心理と教育心理の両方からアプローチする「神経行動教育学」というものをさまざまな分野の研究者や支援者と協力して開発し、その効果を確かめようとしています（坂本　2013）。ここでは、それらの取り組みの一部を紹介したいと思います。

1）臨床心理学における注意トレーニング：マインドフルネスを育む

　人は自分のネガティブな気持ちや考えに注意を向け続けてしまうことがあります。心配性の人は、積極的に自分に関連するネガティブなことを探して、その心配事に心を奪われています。このような心が奪われている状態は、注意の働きが整っていない状態だといえます。また、過去の失敗などについて考え続ける人も同じような特徴をもっています（このような思考を反芻と呼びます）。心配や反芻が強度を増し、慢性的に持続する状態は、さまざまな精神的トラブルを引き起こし、不安症状や抑うつ症状を引き起こします。人は、不安やストレスがたまると、これらの症状になりやすいのですが、どのように対処したらよいのかという答えも「注意」にあります。それは、それらの考えにとらわれずに、「今・ここ」に集中することです。つまり、自分の心に浮かんでくるネガティブな考えを「客観的に観察しながら、心の隅にいつでも置ける状態にして、今集中しなければいけないことに集中する」ということです。このような心の状態は「マインドフルネス（mindfulness）」と呼ばれています。このようなマインドフルネスの心持ちはトレーニングで身につけることができ、精神的健康に良い効果をもたらします。海外では臨床心理学のトレーニングとして実践されており、Googleなどの大企業の社員も好んで実施しているようです（私たちの研究室でもこれらの実践的・実証的な取り組みに力を入れています）。マインドフルネ

スのトレーニングはとてもシンプルで、日本人の考え方にも馴染みのあるものに感じると思います。背筋を伸ばし座った状態を保ちつつ、自らの呼吸に注意を向け続けます（呼吸の数を数えることもあります）。その時に雑念などが浮かんできたら、その状態に素早く気づき、その雑念を心の隅に置きながら再び呼吸に集中します。マインドフルネスに関する具体的な方法や理論については、貝谷先生・熊野先生・越川先生らの編集著書が参考になるでしょう（貝谷・熊野・越川　2016）。

2) 教育心理学における注意トレーニング

　注意の働きを整えたり鍛えたりすることは、心の安定をもたらすだけではなく、学習の取り組みにも良い影響をもたらします。例えば、授業に集中したくても、教室内の雑音やクラスメイトの話し声が気になったり、知らないうちに寝てしまったりする子どもたちに「やる気」を取り戻してくれます。また、友だちと仲良く遊びたいと思っていても、興奮すると予想外の攻撃的な言動や行動をしてしまい、後から後悔してしまう子どもたちに「冷静さ」を与えてくれます。つまり、注意の働きは学校での適応を促してくれる重要な働きとして、子どもたちの成長の土台となります。私は通級指導教室の小学校教諭と一緒に、このような問題を抱えている児童に対して「注意制御機能の促進」に焦点をあてた神経行動教育学的な支援を行っています。支援で行うトレーニング内容は非常にシンプルで、1枚の紙に1桁の数字が縦横ランダムに書かれている中から「隣の数字と足して10になる2つの数字を丸で囲む」という簡単な「足し算課題」にじっくり取り組むというものです。トレーニングを始めた頃は、集中を続けることが難しく、なかなか最後まで問題が解けないことがあります。また、衝動的な子は1行ずつ問題を解かずにいろんな数字に目を奪われてしまい、間違ったペアの数字に丸をつけてしまうこともあります。このような特徴を有する子どもたちは、衝動的な行動に出てしまうことも多々あります。しかし、これらの注意トレーニングを繰り返し続けていくと、正しい数字のペアに確実に丸をつけられ、じっくりと問題に取り組めるようになります。そし

て、学校での衝動的な行動も改善されるようになっていきます。これらの結果だけでは、単純に足し算の能力が向上しただけではないかと思われるかもしれないですが、実は、集中力に関する脳の働きも変化することがわかってきました（今井・坂本・熊野 2016）。これらの注意トレーニングを実施している時の子どもの脳の働きを近赤外線スペクトロスコピー（NIRS：ニルス）という機材を使ってモニタリングすると、注意制御が苦手だったり、衝動的だったりする ADHD（注意欠如多動性障害）の子どもたちの脳機能に大きな変化が現れました。

　集中力を発揮する脳の主要な部位は、額のこめかみ近くに位置する前頭前野背外側（DLPFC）にあります。計算問題のような集中力を要する課題を行っているときは、右脳の DLPFC が左脳の DLPFC よりも活動的になるのが一般的です。ただし、ADHD を有する子の場合は、左脳の DLPFC の方が活動的になることが知られています。先ほど紹介した「足し算課題」を用いた注意トレーニングを毎週行うと、ADHD を有する子どもたちも、右脳の DLPFC の方が活動的になることが明らかになりました。つまり、脳機能においても、注意トレーニングの変化が示されたということになります。このような結果を示した子どもたちに共通して見られる傾向としては、授業に集中できるようになったことや、衝動的な行動がコントロールできるようになったことです。つまり、「やりたい」と思っていたことに集中できるようになり、「したくない（でも、ついついしてしまう）」ということを自分自身で止められる（制御できる）ようになったともいえます。このように、注意の働きは単純なトレーニングでも鍛えることができ、学校適応を促してくれるというメリットがあるようです。また、授業に集中できることにより、失いかけていた「やる気」を取り戻し、学習能力も上がるようになります。

3）神経行動教育学の可能性

　子どもたちにおける注意の働きを知ることは、子どもの心の成長過程を知ることにつながります。また、それらの注意の働きを整えたり促したりすることは、臨床心理学的（心の健康）にも教育学的（学校適応）にも意義があることだと

いうことをご理解いただけたと思います。このような「神経行動教育学」によるアプローチは、従来型の会話によるカウンセリングとは少し異なる方法だと思います。しかし、集中力を事前に鍛えておくことによって、このようなカウンセリングの効果が高まることも徐々に明らかになっていますので、従来型の対話的カウンセリング技法と組み合わせて用いることが理想的かもしれません（今井　2011）。また、心理学が従来から行ってきた研究方法に脳科学や神経行動科学のアプローチを取り入れることで、子どもの理解や成長を一層促すことができることも魅力の一つだと思います。そして、授業に集中できるようになることで、心も鍛えられるという取り組みは、学校現場でもできる心理学的な取り組みとして大いに期待できます。

おわりに

　ここでは、注意の働きにはさまざまな分類があり、それらの分類から子どもの特徴を把握する手がかりを見つけることができることを説明してきました。また、これらの注意の働きを整えたり、促したりすることは、子どもの社会性や心の健康を促進することにつながることもご理解いただけたと思います。現在の子どもを取り巻く環境は複雑になり、注意の働きを高度に機能させたり、制御しなければいけない状況になっています。私たち大人ができることは、このような環境を健全なものにしていくことと、子どもたちの注意制御能力を涵養する取り組みをすることだと思います。子どもたちが「心の背骨」を鍛えることは、「生きる力」の大きな礎になり、また、健やかな成長を促すことができる重要な鍵であると信じています。

引用参考文献
・今井正司（2011）「注意訓練がうつ病に対する認知行動療法の増強効果に及ぼす影響」『Depression Frontier』9（2）：66-71
・今井正司（2013）「認知行動療法から神経行動療法へ：注意訓練とメタ認知療法」『臨

床心理学』13（2）：212-216
- 今井正司・坂本條樹・熊野宏昭（2016）「特別支援教育における神経心理学的介入の効果メカニズムに関する脳科学的検討（最終報告書）」笹川財団研究助成中間報告、未刊行
- 貝谷久宣・熊野宏昭・越川房子編（2016）『マインドフルネス：基礎と実践』日本評論社
- 坂本條樹（2013）「認知行動療法から神経行動療法へ：認知トレーニング法 発達障害のある児童に対する認知トレーニング」『臨床心理学』13（2）：217-221
- 西優子・今井正司・金山裕介・熊野宏昭（2014）「中学生の注意制御機能、ディタッチト・マインドフルネス、反芻、メタ認知信念が抑うつに及ぼす影響」『認知療法研究』7（1）：55-65

（謝辞）
本稿の一部は、以下の研究助成を受けて行われました。
- 科研費（基盤研究C：分担／代表：熊野宏昭）うつ病の病態維持に関わる前頭葉機能異常と注意制御機能訓練の治療効果
- 科研費（若手研究A：代表：今井正司）発達段階を考慮した注意制御とメタ認知の促進がストレス防御とQOL向上に及ぼす影響
- 科研費（挑戦萌芽：代表：今井正司）神経心理学的アプローチによる学校適応・学習促進プログラムの開発と評価

12 発達障がいの子どもとことばの遅れ

大島 光代

1. 発達障がいとは

1) 発達障がいへの注目

　発達障がいとは、榊原 (2011：30) は「子どもが発達していく過程において見られる行動や認知の障がい（発達の遅れ）」と述べています。さらに、発達障がいの認識について、「日本では、1970年代まで、精神発達遅滞（知的障がい）のことを、主として「発達障がい」と呼んでいました。学習障がい (LD) や自閉症スペクトラム (ASD)、注意欠如多動性障がい (ADHD) などは、ほとんど認識されていませんでした。1980年代になって、ようやく教育現場などで、集団生活になじめない子どもや、知的な遅れはないのに学習成果が上がらない子どもなどの存在が注目されるようになりました」とまとめています。

　文部省（現在の文部科学省）が2002年に全国の公立小中学校を対象に実施した発達障がいの児童生徒の人数・割合の実態調査の結果、「知的には遅れはないものの、学習面や行動面で著しい困難をもつ子」が通常学級の児童生徒の中に6.3％（男子8.9％、女子3.7％）存在することを確認しました。「学習面や行動面で著しい困難をもつ子」とは、「聞く、話す、読む、書く、計算する」ことが苦手な学習障がい (LD)、こだわりが強く対人関係やコミュニケーションに苦手意識をもつ傾向が見られる自閉症スペクトラム (ASD)、行動面において不注意や多動性、衝動性が見られる注意欠如多動性障がい (ADHD) を指しています。6.3％とは、約63万人、クラス（40人学級）に2～3人という割合で、決して少ない人数ではありません。発達障がい児への支援の必要性が認識され、2005年4月

に「発達障害者支援法」が制定されました。この法律では「発達障がい者の心理機能の適正な発達及び円滑な社会生活の促進のために発達障がいの症状の発現後できるだけ早期に発達支援を行うことが特に重要」とされ、発達障がいの早期発見と早期支援の大切さが強調されました。

石崎朝世（2012：38-39）は、日本発達障害福祉連盟の事業として、2008年〜2010年度に実施された発達障がいの増加に関する研究から「①多くの医師が臨床の場で発達障害が増加しているとした。しかし②その要因としては、障害概念の拡大、支援の受け皿の増加、また、従来の発達障害の閾値以下の人の社会への適応困難を挙げた医師が多かった。一方、小家族化、ゲーム・ネットの普及、自然との触れ合いの減少、家庭の教育力の低下など成育環境や胎内環境などの環境の変化も子どもの変化を起こしているという意見も少なくなかった」とまとめています。保育園や幼稚園などの現場では、保育者から発達障がいを併せ有する幼児やその疑いのある「グレーゾーン」の幼児が増加しているという声が多いのもうなずける話です。

2) 発達障がいの定義と特徴

発達障害者支援法で、発達障がいは「自閉症、アスペルガー症候群その他の広汎性発達障害、学習障害、注意欠陥多動性障害、その他これに類する脳機能の障害であってその症状が通常低年齢において発現するもの」と定義されています。しかし、この定義はアメリカ精神医学会による診断分類（DSM-5、DSM-Ⅳ-TR）やWHO（世界保健機関）による疾病分類（ICD-10）とは異なり、発達障がいの捉え方は世界で統一されるには至っていません。

洲鎌盛一（2013：8）によれば、発達障害者支援法に定義されている発達障がいの中の広汎性発達障がいは、ほぼ自閉症スペクトラムを指しているとしています。（表12.1）。そして、榊原洋一（2011：32）によれば、自閉症スペクトラム、LD、ADHDには、①脳（中枢神経系）の機能障がいである、②原因はさまざまであるが、乳幼児期に行動特性（症状）が現れる、③行動特性は一般的な病気のような症状のように進行していくものではなく、本人の発達や周りからの働きかけに

よって変化する等の特徴がみられるとしています。

　乳幼児期に現れた行動特性に気づき、早期から適切な支援や指導を行えば、特性の改善や症状の軽減が期待できます。幼児教育の現場では、発達障がいを併せ有する子どもへの意識が高まり、早期からの支援や指導を行うためのさまざまな取り組みが行われています。地域のこども発達センター等への支援につなげるために、園の保育者は、子どもの困り感を正しく認識し保護者との話し合いを行い、療育をすすめています。

表12.1　DSM-5、DSM-Ⅳ-TRとICD-10における広汎性発達障がい

DSM-5	DSM-Ⅳ-TR (広汎性発達障がい)	ICD-10 (F84広汎性発達障がい)
・自閉症スペクトラム症／自閉症スペクトラム障がい*1〔299.00〕(F84.0)	・自閉性障がい〔299.00〕 ・レット障がい*2〔299.80〕 ・小児性崩壊障がい〔299.10〕 ・アスペルガー障がい〔299.80〕 ・特定不能の広汎性発達障がい(非定型自閉症も含む)(PDDNOS)〔299.80〕	・小児自閉症 ・非定型自閉症 ・レット症候群 ・他の小児期崩壊性障がい ・精神遅滞および常同運動に関連した過動性障がい ・アスペルガー症候群 ・他の広汎性発達障がい ・広汎性発達障がい(特定不能のもの)

＊1　DSM-Ⅳ-TRのレット障がい以外の広汎性発達障がいを包括している。
＊2　DSM-5では、レット障がいはレット症候群に関連した自閉症スペクトラム症と記録する。
出所：洲鎌盛一(2013：8)

3)　発達障がいをとりまく最新の動き

　日本は、2014(平成26)年1月20日、国連に障害者権利条約の批准書を寄託しました。このことによって、日本は140番目の締約国となりました。多くの国は、2006年の第61回国連総会において「障害者の権利に関する条約」(障害者権利条約)が採択されると早期に批准しましたが、日本は国内制度改革を優先し、8年後の批准となりました。この「障害者権利条約」は、前文と本文50か条から構成されており、これまでの国際人権法における人権規定を踏襲しています。この条約において、障害者の権利として改めて明確化したことは、権利保障を実効性のあるものにした点です。このことに加えてこの条約で重要視さ

れていることは、「合理的配慮」という考え方です。

「合理的配慮」では、障がい者が権利を行使できない環境に置かれている場合、個々の状況に応じて、その環境を改善したり調整したりする必要があるということや、個々の状況に対応する環境の改善や調整を怠った場合は「合理的配慮」の不提供と考え、差別として位置づけることができること、そして条約および規定の実行のために、国内モニタリングを行う中心機関を政府内に設置することを規定したことが重要です。発達障がい児・者に対し、この「合理的配慮」を行っていくことは、今後の重要な課題となるでしょう。

2. 子どものことばの獲得

1) ことばを獲得する道すじ

中川伸子（1999：31）は「子どもは、みんな同じ道すじを通って大きくなっていきます」と述べています。発達には順序があります。身体の発達は、首がすわる、寝返りをする、お座りをする、はいはいをする、つかまり立ちをする、立つ、歩くという順番で、わかりやすいものです。ことばは、身体の発達と同様に、口の動かし方や、心の動き、考える力などの発達とともに順番に獲得されるのです。

生後3か月から4か月になると、首がすわり、ご機嫌のいいときに出す声と不快なときに出す声が分かれてきます。声の使い分けが徐々に可能になってきます。さらに、あやせば笑うようになり、笑わせたいからあやすという大人との関係が育ってきます。そして、お母さんの声を聞き分け、以前は抱き上げるまで泣き止まなかったのに、声がけだけで泣き止むようなことが見られるようになります。自分にとって大事な人、好きな人が認識されると、「好きな人と同じものを見ようとする」共同注視が始まります。その力は、やがて「相手が指したものを見る」力につながっていきます。

生後6か月から7か月ごろには、「バブバブ」「アウアウ」などの声が出始めます。これが「喃語」です。今までの声とは、質的に違う声で、口の中のつく

りが進歩し、口や舌をあやつる脳の働きも進歩した状態にあります。お話を始める準備にとりかかったといえるでしょう。

　中川（1999：28-30）は、お話をするために必要な力（ことばの基礎になる力）として、①いろいろな音に気づく力（聴力）、②こちらの言うことがわかる力（言語理解力）、③大人に相手をしてもらうことが好きで関係が築ける（対人関係）、④声を出す（発声）、⑤まね（声だけではなく身振りも）をする（模倣）などを挙げています。発達障がいを併せ有する幼児は、「ことばの遅れ」がきっかけとなって気づかれる場合が多いのですが、お話をするために必要な力を見ると納得することができます。

2）「読み・書き」につながる音韻意識とは

　音韻意識とは、天野清（1988）によれば「音韻分析は母国語の語音（音韻）の抽象という新しい知的な試行錯誤を基礎とする」としたうえで「そうできるためには、語に含まれている音を分離・抽出する思考行為を獲得することが必要で、そうしてはじめて、語に含まれる音韻、音節を同定することができる。またその結果として、母国語の語音の表彰（音韻）が形成され、語の音韻構成について明確な意識（自覚）をもつことができる」とされています。梶川祥也（2002）は、「乳児は、発達初期において音声言語を連続した音のつながりとして聴いている」と述べています。さらに、天野（1988）と大六一志（1995）は「音韻意識の習得は、かな文字習得に必要な条件であるとされ、読みの力を説明する要因のひとつでもある」としています。さらに天野（1988）は、「子どもが、基礎的な読み書き能力を習得するにあたって語の音韻分析行為を習得させ、音韻分析能力を形成・発達させることは、読み書きの過程に含まれる音声・文字コード間のコード変換の方法を学習させ、準備させることに他ならない」と述べています。また、「3歳代の幼児、あるいは場合によって4歳代の幼児が、一定の音韻を抽出する行為と能力が未形成なのは、自分や他人の話すことばの中から一定の音が抽出できず、その抽象の産物である抽象された音の表象・語音表象（音韻）が、幼児に未形成だからである」と述べています。

要は、幼児ははじめことばを固まりで聞いて捉えているのですが、そのことばがいくつかの音韻で形成されていることに気づき、はじめの音韻は「り」真ん中は「ん」、最後の音韻は「ご」と分解することができるようになります。そして「しりとり遊び」では、最後の「ご」を抽出して、次に「ごりら」とことばをつくることができるようになるのです。これが音韻意識の獲得です。

3. 発達障がいを併せ有する子どものことばの遅れ

1）学習障がい（LD）の幼児のことば

　学習障がいは、小学校で教科学習が始まってから発見されることが多いのですが、幼児園や保育園でも「LDサスペクト（予備軍）」は存在します。この子どもたちを早期に支援することが重要です。ことばの遅れは、発達障がいのサインとして表れることがあります。

　特に「読み書き障がい」として現れるディスレクシア（Dyslexia）は、脳での文字の処理をする機能が充分に働かず、文字の読み書きの際に困難が生じます。英語圏で問題視されてきましたが、日本にもこの障がいをもっている人は存在し、近年少しずつ障がいが認識されるようになってきました。NPO法人エッジの会長である藤堂栄子氏は、息子がディスレクシアと診断されました。著書『ディスレクシアでも大丈夫－読み書きの困難とステキな可能性』（藤堂栄子著、ぶどう社）の中で、「息子は「僕は文章が全然読めないわけではなくて、ただ読み違えがいっぱいあっただけだったのに、日本の学校ではひどい目にあったと感じている」と言いました」と記しています。当時「読み書き障がい」は充分認知されていなかったことが伺い知れます。幼児期には、保育活動の中で、ディスレクシアがみつかることはあまりないといえるでしょう。しかし、就学後、一斉授業の中で「読み書き障がい」のある子どもたちは、大きな困難をかかえ自己肯定感の低下を余儀なくする可能性が高くなります。幼児期に発見し、適切な援助や指導が可能になれば、「障がい予防」につながると考えています。

2）注意欠陥多動性障がい（ADHD）の幼児のことば

ひとつのことに集中しにくいという特徴があるため、ぼんやりしているように見えたり、常に動き回っていたりする傾向があります。音や人への関心も移ろいがちで、ことばの習得が思うようにすすみません。ADHDは、単一の障がいとして現れる場合はむしろ少なく、他の障がいと併せて現れる場合の方が多いです。図12.1は、主な発達障がいの相互的な関係を図で表したものです。

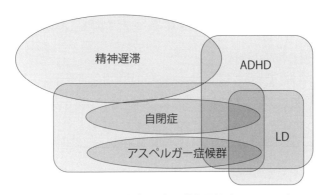

図12.1　主な発達障がいの相互的な関係（DSM–Ⅳ–TR）
出所：洲鎌（2013：2）

3）自閉症スペクトラムの幼児のことば

2〜3歳になってもことばを発さないなど、明らかなことばの遅れが見られます。ことばを話さないだけではなく、ほかの手段によるコミュニケーション（身振り・手振りなど）も自発的に行おうとしないことが多いです。障がいの重さによりますが、重い症状の場合は、終生ことばを発さない例もあります。

4）アスペルガー症候群の幼児のことば

アスペルガー症候群とは、自閉症を中心とする自閉症スペクトラム（自閉性障がいの連続体）に含まれる障がいです。アスペルガー症候群の幼児は、3歳の時点でことばの遅れはないとされます。しかし、アスペルガー症候群の幼児の言語発達の特徴を理解し、コミュニケーションにおけるずれなどから生じる誤解

が人間関係をぎくしゃくさせることがあることを知っておく必要があります。また、ことばが達者で、コミュニケーション上の問題はないと誤解されやすいのですが、実際には社会性の困難を伴います。話はするけれども、場面や相手の気持ちを考えることができなくて、自分が関心をもっていることだけを一方的に話したり、相手が不快になることばを悪気なく口にしたりします。

4. 発達障がいを併せ有する子どものことばを育む

1) ことばを育むための準備

ことばが育つ道すじは、障がいの有無とは関係なく同じです。ことばを育むためには、準備が必要となります。準備とは、まず子どもの「生活」に根ざした「体」と「心」を育てることです。生活リズムを整えて、脳の働きを活性化させる、昼間は日光を浴び、よく遊んで、体と心を育てる、夜はしっかり眠って脳の神経を休ませることで、「体」と「心」が育っていきます。

脳の構造は、まず一番下が「脳幹」(からだ)をつかさどる部分、二番目が「大脳辺縁系」(こころ)、一番上が「大脳皮質」(知力・ことば)というふうに積み上がっています(図12.2)。

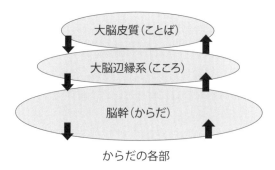

図12.2 脳の積み上げ構造
出所:中川(1999:34)より作成

体がぐんにゃりしていては、やる気は育ちません。まず「体」づくりが大切

なのです。ボディーイメージを育て「ここに力を入れれば、こんな姿勢ができる」などの感覚統合がすすみます。そして、「この人が好き」という気持ちから、子どもは好きな人が言っていることばを理解しようとします。「心が動いた」ときに、そのことばは獲得されていくものです。

2)「話しかけ」と「聴く」こと

　子どもにとっては、家族や保育者の話すことばが、すべて学習の教材になります。小さな子どもが模倣できるように、「わかりやすいことば」で、「ゆったりと」話しかけたいものです。オノマトペ（擬音語・擬声語・擬態語）は、「ブーブー」（車）、「ワンワン」（犬）など、赤ちゃんことばにもたくさん使われているものです。また、子どもの発音は、舌の動きが未発達だったり、口内のスペースが十分ではないために不明瞭な場合があります。子どもの「話したい」「伝えたい」という気持ちを最優先にして、「そうだね」という共感を示していきます。間違いを指摘して、正しく言い直しをさせることを優先していると、子どもは「お話しすること」が楽しいとは思えなくなってしまいます。発音能力が未成熟な段階では、混乱を招くだけになりかねません。

3) 環境を整える

　テレビやビデオ、CDの音声を消して、話す時間を増やします。テレビなどから流れる音声で、ことばは育つことはありません。一方的に発せられる音や映像と、子どもはコミュニケーションすることはできません。小さな子どもは、聞き取り能力が未発達なので、テレビの音が邪魔になって、お母さんが話しかける声が聞き取れない状況が続くと、せっかくの話しかけが意味をもたなくなります。好きなビデオがことばを覚えるきっかけを作ってくれることもありますが、静かな環境の中で、子どもと一緒に楽しい時間をすごす工夫をすることが大切です。子どもの気持ちに共感してことばで表現してあげることから、ことばは育まれていきます。

4) あいさつを一緒にする

毎日、何度もかわされるあいさつは、決まった場所で繰り返されます。大人は、子どもの見本になります。おじぎをしたり、手を振ったり、身振りからでも表現できるあいさつは、コミュニケーションの第一歩と考えてよいでしょう。生活の中でルーティン化（きまった仕事。日々の作業化）されることで、障がいのある子どもたちは、ことばを使おうとする意欲が育ってきます。

5) ことばを育む

【事例：けんちゃんの場合「気持ちのコントロール」】

C教育大学の「ことばの相談」に訪れたけんちゃんは、当時3歳でした。母親は「構音障がい」と「ことばの遅れ」を訴えていましたが、一緒に2回ほど遊ぶ中で「この子が本当に困っているのは、集団活動の中でのことだ」と感じました。担任の先生の名前は「わすれた」と言って、先生に関することは一切話しません。マイペースで、おもちゃの車を一列に並べたり、数字が好きだったりするいわゆる「こだわり」がありました。

療育では、遊びをとおして「構音障がい」を改善しました。そのためには、まず「聞き分ける脳（聴能）」を育てること、そして音韻意識を身につけて、発音要領を体得することから始めました。その際、指導者である私が開発した音韻意識を獲得するためのICT教材「ことはちゃんのことばの学習ゲーム」を活

 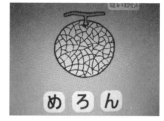

図12.3　星で音韻数を提示し、選択肢の音韻からことばをつくる。　　図12.4　正解の画面。この後点数が入る。

出所：ことはちゃんのことばの学習ゲーム（大島光代）

用しました（図12.3・12.4）。聴覚には問題がないので、改善するにはそう時間がかかりませんでした。また「ことばの遅れ」に対しても、遊びながら語彙を増やしていきました。聴覚障がい児教育のスキルを使うと、語彙の拡充もそれほど時間がかかりませんでした。けんちゃんは、ゲームをするときに「勝つこと」に対する強いこだわりがあります。負けると尋常ではない怒りがこみあげ、パニックになります。本当のけんちゃんの困り感は、この感情をコントロールできないことにあると気がつきました。

　診断は下りていませんが、けんちゃんは発達障がいを併せ有する幼児と考えてよいと思います。気持ちのコントロールを身につけるため、実際の療育では、
① 気持ちにネーミングする（マイナス感情をことばで表現する。「負けてイライラする」「負けてくやしい」「負けていやな気持ち」等）。
② ゲームで負けた際に、指導者がことばで感情をコントロールする様子を示す（「くやしい。でも、今度また勝てればいいな。またがんばろう」等のモデル提示）。
③ 実際に何度もゲームをして遊び、本人が少しでも感情のコントロールをすることができたら、すかさず褒める（行動療法の応用）。

これらの目標を立て、取り組みました。取り組みの結果、少しずつ自分の感情をコントロールすることができるようになったけんちゃんは、コミュニケーションの内容が随分改善されました。これは、私自身が、けんちゃんとの間に信頼関係を築いていったことが大きな要因であることは、言うまでもないことです。

5. 幼児教育の現場でできること

　保育の中でことばを大事に扱うだけで、子どもたちの語彙は増えていきます。声に出して言うことばは、耳からも音声で入りますから、口を動かす筋肉の動きとともに、記憶しやすくなります。もちろん、大好きな先生が語るエピソードとともに、子どもの記憶に残り、知っていることばとなっていきます。保育現場でできることは、障がいの有無にかかわらず、何気なく使う言葉を立

ち止まって幼児に提示する意識をもつことだと思います。例えば「朝の会」などで、トピックスや給食のメニューとその材料について丁寧に投げかけたりするだけでも言葉の概念の獲得がすすみます。短時間でも、継続して積み上げる取り組みこそが、今求められていると感じています。

引用参考文献
・天野清（1988）「音韻分析と子どものLiteracyの習得」『教育心理学年報』27：142-164
・石崎朝世（2012）「なぜ発達障害が増えているのか」日本発達障害福祉連盟編『発達障害白書』明石書店
・梶川祥世（2002）「子どもの音声習得」『言語』31：42-49
・榊原洋一（2011）『図解よくわかる発達障害の子どもたち』ナツメ社
・洲鎌盛一（2013）『乳幼児の発達障害診断マニュアル』医学書院
・大六一志（1995）「モーラに対する意識はかな文字読み習得の必要条件か？」『心理学研究』66（4）：253-260
・藤堂栄子（2010）『ディスレクシアでも大丈夫』ぶどう社
・中川伸子（1999）『1・2・3歳　ことばの遅い子　ことばを育てる暮らしのヒント』ぶどう社
・中川伸子（2007）『ことばの遅れのすべてがわかる本』講談社

子どもの安全を守る
司法面接のエッセンスを活かして子どもの話を聴く

赤嶺 亜紀

はじめに

事件や事故の捜査においては、被害にあった人や加害の疑いをかけられている人の供述、目撃した人の証言は重要な証拠のひとつです。しかし人間の記憶は、ビデオカメラのように出来事をありのままに保存・再生することができないため、正確な情報を得るのは容易ではありません。とくに発達の途上にある子どもからの聴き取りは、特別な配慮と方法を必要とします。

ここでははじめに目撃証言の心理学研究と人間の記憶の特徴を説明し、子どもから事件・事故の客観的な事実を聴き取る面接法、司法面接を紹介します。そして子どもの安全を守るために、司法面接のエッセンスの日常への活かし方を提案しようと思います。

1. 人間の記憶の特性

1) 記憶の変容

アメリカの心理学者 E.F. ロフタスは目撃記憶の代表的な研究者で、数多くの実験研究を報告しています。彼女たち (Loftus & Palmer 1974) は大学生に自動車事故の映像を見せ、「自動車が激突した (smashed) とき、どれくらいのスピードで走っていましたか？」と尋ねました。その際、別の学生には質問文の単語をひとつだけ変えて、「激突した」を「衝突した (collided)」「ぶつかった (bumped)」「あたった (hit)」あるいは「接触した (contacted)」のいずれかに変

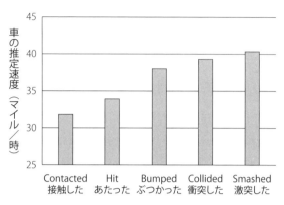

図 13.1　車のスピードを尋ねるときに用いた動詞と推定された速度のちがい
出所：Loftus & Palmer（1974）より作成

えて、同じ趣旨の質問をしました。全員が同じ映像を見たにもかかわらず、「激突した」という動詞を用いて質問された参加者たちが車のスピードを最も速く見積もり、その判断は「接触した」という動詞を用いて質問された参加者と 8.5 マイル／時（約 13.6km／時）も差がありました。このように質問文のわずか 1 語のちがいが参加者の報告にちがいをもたらしたのです（図 13.1）。

　さらにロフタスたちは 2 つ目の実験においても大学生に同じ映像を示し、事故を起こした車のスピードを「激突した」あるいは「あたった」という動詞を用いて尋ねました。一部の学生には車のスピードについて質問しませんでした。そして 1 週間後、すべての学生に前回の映像に「割れたガラスを見ましたか？」と尋ねました。映像には割れたガラスはなく、先に「あたった」を含む質問をうけたグループと、車のスピードを尋ねられなかったグループのおよそ 9 割が「いいえ」と正しく答えました。一方「激突した」を含む質問をうけたグループでは「いいえ」と正しく答えた学生は 7 割を下回り、「はい」と回答を誤った学生が 3 割（他のグループの 2 倍）を上回りました。学生たちは同じ映像を視聴したにもかかわらず、質問文の「激突した」という単語が車のスピードをより速く印象づけ、実際にはない被害（割れたガラス）があったと記憶を植えつけてしまったのです（図 13.2）。

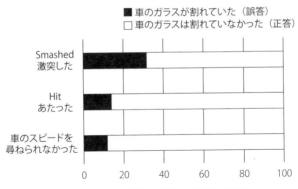

図13.2 事故の映像をみた1週間後の記憶
出所：Loftus & Palmer（1974）より作成

このように人間の記憶はとても精細なもので、時間の経過によって失われるばかりでなく、他者の質問ひとつで大きく変わってしまうのです。ところが私たちは、質問をする方もうける方もこうした変化に無自覚です。

2) 被暗示性・被誘導性

　他者の言動に影響されて、記憶や報告が変わってしまうことを被暗示性が高いといいますが、仲真紀子ら（2008）は中学生と大学生を対象に、面接における誘導の効果を実験的に検討しています。実験参加者が調査に協力するために事務所を訪れたところ、受付で男性が言い争っている場に居合わせました。実はこれは実験者の仕掛けた「事件」ですが、男性が帰った後、「事務所の責任者」が参加者に対して「事件」の聴き取り面接を行いました。その際、例えば面接者が「男性のスーツは何色だった？」と尋ねた後、実際はグレーでしたが「紺じゃなかった？」などと誤った情報を示しました。すると中学生も大学生も約2割の参加者が面接者の偽りの情報をうけて答えを変えてしまいました。ところがいずれも自分が誘導されたという気づきは乏しかったのです。このように私たちは、事件後、実際と異なっていてもその出来事に似ている情報に接すると、それを受け入れやすい傾向があります。さらに、いったん受け入れた情報

は自らの体験の記憶と混ざり合い、間違った情報であっても現実に起こった出来事と思い込むようになるのです。

2. 子どもの司法面接

1) 子どもの司法面接の背景

　子どもが被害をうけていたり、目撃者が子どもに限られたりする事件・事故の捜査においては、その証言が重要な証拠となりますが、子どもから法的判断に用いることができる正確な情報を聴き取ることは簡単ではありません。その大きな要因は、言語や知識、記憶など子どもの認知能力が未発達であることです。幼い子どもほど何が起きたのかを理解したり、記憶したり、説明することが十分できません。さらに子どもは被暗示性が高く、理解していないことやわからないことは他者、とくに大人の言動の影響をうけやすいのです。特に大人に影響されやすいのは、子どもは親や教師などの保護や指導のもとで生活しているため、「大人は何でも知っている」「大人の言うことは正しい」と信じていることが多いからです（仲　2016）。

　1983年にアメリカで起こったマクマーチン事件は子どもの証言の信憑性が問題になった有名な事件で、幼稚園の経営者家族と教師たちが性加害や動物の殺害、悪魔儀式など児童虐待の疑いをかけられ、一時期には369人もの子どもが被害を訴えたセンセーショナルな事件です（この事件の詳細はE.W.バトラーら（2004）を参照）。捜査の過程で検察は国際子ども研究所へ被害をうけたとされる子どもの面接を依頼しましたが、そこで行われた面接は以下に示すように誘導的で、重大な問題を数多く含んでいました。

・面接者が被害に関わる具体的な情報を与える：例えば「裸のゲーム」「変な格好をした」「写真を撮った」「小さな写真が出てきた」など疑われている事案。
・面接者が同じ質問をくり返す：「被害にあった？」という問いに、子どもが「うん」と答えるまで何度も尋ねるなど。
・面接者が子どもに圧力をかける：「話してくれないとたいへんなことになる」

「みんなもいってる」、子どもが「わからない」と答えると面接者が「記憶力が悪いのかな」というなど。

裁判ではこのような面接者の不適切な質問や発話が子どもを誘導し、現実にはなかった出来事を語らせたとみなされ、また子どもの証言のほかに被害を裏づける証拠はなく、被告人の無罪が確定しました。この頃イギリスやアメリカでは同様の、子どもの証言の信憑性が問題になった児童虐待事件が相次ぎ、子どもから正確な証言が得られないのは大人の聴き方に問題があると考えらえるようになりました。そして子どもから法的判断に用いることができる正確な情報を聴き取る面接法と、事件の捜査や司法、子どもの福祉に関わる多機関が連携して児童虐待に取り組むシステムが求められるようになりました（仲 2016）。

2）子どもの司法面接の特徴

これまでにイギリス内務省・保健省やアメリカ児童虐待専門家協会（APSAC）、アメリカの国立小児保健・人間発達研究所（NICHD）など、さまざまな司法面接法が開発されていますが、それらは、①面接の約束事（グラウンドルール）を伝える、②子どもが安心して話ができる関係（ラポール）を築く、③子どもに自由報告を求める、④誘導とならない質問を行う、⑤クロージングを行うことを重視し、面接の進め方が定められています（面接の構造化）。これらの要素の特徴を仲（2012、2014、2016）は次のように記しています。

①面接の約束事（グラウンドルール）を伝える

はじめに面接者はあいさつをして、子どもに面接の約束を伝えます。「本当にあったことを話してください」「質問がわからなければ『わからない』と言ってください」「知らないことは『知らない』と言ってください」「私が間違ったことを言ったら、『間違っている』と教えてください」などです。このような約束ごとを伝えるのは、大人はすべて知っていて、子どもが話せるかどうか確かめているのだと思っている子どもがいるからです。

②子どもが安心して話しができる関係（ラポール）を築く

例えば子どもに「何をするのが好きですか」と尋ね、趣味や遊びについて自

由に話してもらい、リラックスして話せる温かい関係を築きます。また事件とは関係のない前日や当日の出来事を尋ね、過去の出来事を思い出す練習をします。このような会話を通して、大人が質問し子どもが答えるのではなく、子どもが自ら話すのだということを理解してもらいます。面接者はこの過程において、子どものことばや思考の発達の状態を捉えるようにします。

③子どもに自由報告を求める

　話す準備が整ったら、子どもに本題の出来事について話すよう求めます。「今日は何をお話に来ましたか」「何がありましたか」など中立的に、回答を制限しないようオープンに尋ねます。面接者は子どものことばを解釈したり評価したりしないで、「そして？」「それから？」と応じて、子どもがたくさん話すよう促します。また子どもが話した出来事を区切って「おじさんが来てから帰るまでの間にあったことを全部お話しして」など、さらにくわしい報告を求めたり、子どものことばを手掛かりとして、例えば「さっき『おじさん』って言ったけど、おじさんのことをもっとお話しして」と促します。

④誘導とならない質問を行う

　自由報告だけでは十分な情報が得られない場合、WH質問（いつ、どこ、誰など）や選択式の質問（「はい／いいえ」で答える質問や与えられた選択肢の中から選んで答える質問）で尋ねます。このようなクローズド質問は一見すると子どもが答えやすく、情報を得やすいように思われるかもしれません。しかし子どもが質問を理解していなくても、また憶えていないことでも回答してしまう可能性があるため、細心の注意を要します。子どもがクローズド質問に答えたら、そのことばを手掛かりとして詳しい報告を促します。例えば「他に誰かいましたか？」という質問に、子どもが「いた」と答えたら、「では、そこにいた人のことをお話しして」と求めます。

⑤クロージングを行う

　面接の最後に、報告してくれたことに対して子どもに感謝を伝えます。そして子どもからの質問や要望を聞き、さらに話したくなったらどうするかを伝えます。子どもの気持ちが暗くならないように気をつけながら面接を終わります。

3) NICHD プロトコル

　司法面接はさまざまな方法が考案されていますが、それらのなかでもアメリカの国立児童健康・人間発達研究所（NICHD）の面接プロトコルは各国で翻訳され、広く用いられている方法のひとつです。この面接法は、実験研究やフィールドにおける分析・評価もさかんに行われ、その有効性を示す科学的な裏づけが蓄積されています。

　NICHD プロトコルもほかの面接法と同様に、オープン質問を重視し、構造化されていますが、最大の特徴は、面接者の説明や質問が具体的なセリフとして記されていることです。そのため、このプロトコルにそって面接を行えば、初心者でもある程度適切に聴き取りができるように構成されています。なお、日本語版の NICHD プロトコルとガイドラインは http://nichdprotocol.com/the-nichd-protocol/ または https://forensic-interviews.jp からダウンロードできます。

4) 司法面接とカウンセリングのちがい

　事件・事故の被害者が法的な対応とは別に、カウンセリングなどいわゆる「心のケア」を必要とするケースは珍しくありません。しかし表 13.1 に示したように、司法面接とカウンセリングは目的も方法も大きく異なります。

　司法面接では実際に起こった出来事を確認するために、子どもに事件・事故の当時を振り返って、その時の様子を具体的に詳しく報告するよう求めます。面接者は決まった手続きにそって、中立的な姿勢で子どもの過去の体験を聴き取っていきます。そして子どもの報告のあいまいな点や矛盾している点を問いただしていきます。一方カウンセリングでは、面接者は受容的、共感的に接し、子どもの未来の回復を助けます。そこでは子どもの主観的体験を尊重し、その内容が現実の出来事と矛盾していても面接者がただすことはありません。このように目的も方法も異なる面接を一人で同時に行おうとすると、面接者の役割は混乱し、子どもがひどく困惑してしまいます。そのため 2 つの面接の担当者を変え、区別することが最善なのです（仲　2016）。

表13.1　司法面接とカウンセリングの違い

項目	司法面接（事実確認）	カウンセリング（ケア）
時間	できるだけ初期に	被面接者の準備ができたときに
面接室	あたたかいが、簡素	あたたかく、心をなごませる
面接者	司法面接の訓練を受けた人	カウンセラー、臨床心理士
背景知識	認知・発達心理学、福祉、法	臨床心理学、福祉
関係性	暖かいが、中立、たんたんと	親密で、時に濃厚、受容的
態度、表情	中立、たんたんと、姿勢変えず	親密、受容、共感、感情表出
うなずき	しない	大きくうなずくも
面接の方法	手続きが決まっている	自由度が高い
質問や言葉かけ	情報提供や誘導をしない、オープン質問を主体にプロトコルで決められた質問を用いる	言葉を代弁したり、話しかけたり、好ましい方に誘導も
扱う情報	事実	主観的な体験
ファンタジー	扱わない	受け入れる。ふり、つもりも
道具	使用しない	使用することもある
イメージ	イメージではなく、事実が重要	イメージも重要
面接回数	原則として1回	数回〜多数回
記録方法	面接をすべて録画、録音	面接終了後、筆記も可

出所：仲（2016）

5）子どもの援助・支援に関わる専門機関連携の必要性

　子どもが何らかの被害にあっているかもしれないと疑いがあったら、警察や児童相談所に通告することが第一です。そしてできるだけ早い時期に専門家が聴取し、客観的に記録することが必要です。しかし実際は、専門機関に通告する前に、大人の心配が大きいほど、家庭や学校などにおいて子どもに対する聴き取りが繰り返されることが少なくありません。また被害があったとしても、子どもが話さないと、親や家族、学級の担任、養護教諭、スクールカウンセラーなどが次から次へと事情を聴こうとします。こうした過程において子どもの記憶が変遷し、証言の信憑性が損なわれてしまうのです。

　司法面接の目的は法的な判断に使用できる正確な情報を得ることですが、もうひとつの重要な意義は、子どもの精神的な負担を最小限に止めようとするこ

とです。いやな出来事を何度も尋ねられ、思い出し、詳しく話すよう求められることはつらい体験であり、精神的な二次被害をもたらす危険があります。また聴取が繰り返されるうちに子どもの証言が移り変わり、そのことを大人から問いただされると、子どもはさらに窮地に追い込まれてしまうかもしれません。精神的な問題の観点から、国連児童の権利委員会は2010年、日本に対して事件・事故の聴取を繰り返すことの問題を指摘し、改善するよう勧めています。

　子どもが被害にあっている場合、司法のみでなく福祉の対応も必要です。例えば家庭内で親から子どもへ暴力がふるわれているとき、親子が生活をともにできるよう家族を支えるのか、親から引き離し、子どもを保護するのかなど判断し、子どもと家庭への援助が行われます。子どもの救済・支援には多くの専門機関が携わり、多様な対策が講じられますが、その出発点は「何があったか」具体的な出来事の確認です。事件・事故の後、速やかに切れ目なく子どもを支援するためには、子どもがあちこちの機関を巡るのではなく、関係機関が協同し、事実確認の面接を最小限の回数で行うことが望まれています（仲　2016）。

6）現在の日本の取り組み状況

　児童虐待事件に対する多機関連携の要請が高まり、2015年10月、厚生労働

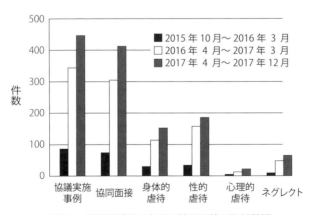

図13.3　児童相談所における協同面接の取組状況

出所：厚生労働省（2018）より作成

13　子どもの安全を守る

省、警察庁、最高検察庁は、子どもの被害が疑われる事案や子どもの目撃者に対して、精神的な負担を軽減し、正確な情報を収集するために児童相談所と警察、検察が連携し、協同で聴き取りを行うことを勧める通知を関係機関に発しました。

厚生労働省（2018）によると、この通知から2017年12月までの2年2か月の間に、児童相談所において警察・検察と面接方法などの協議が874件行われ、このうち786件に対して3機関または2機関による協同面接が行われています（図13.3）。

3つの集計期間それぞれのひと月あたりの面接実施件数を概算してみると（各期間の事例件数／各期間の月数）、第1期（2015年10月〜2016年3月）12件、第2期（2016年4月〜2017年3月）25件、第3期（2017年4月〜同年12月）45件と時期を追うごとにおよそ2倍の勢いで増えており、急速に多機関連携が進んでいることがうかがえます。その一方、組織・制度や各機関の目標、手法の相違などさまざまな理由から、機関連携がスムーズに進まない事案も少なくないようですが、今後は協議および面接事例を蓄えながら、地域の実状に即した展開が期待されます。

3. 子どもの安全を守るために司法面接のエッセンスを日常に活かす

もし近隣に虐待の被害が疑われる子どもがいたら、「誰が」「何をしたか」を聴くにとどめ、直ちに児童相談所へ通告するべきです。ここで紹介した司法面接を行うのは子どもの福祉や司法の専門家に限られますが、この面接法のエッセンスは家庭や学校、幼稚園または保育園などにおいて、子どもから話を聴く際に活かすことができると考えています。

1）学校などにおける事故・事件の確認

学校などにおいては子どものケガや仲たがい、校則違反など「小さな」トラブルは頻繁なことと思います。児童生徒に対して大人は少なく、校内で事故が

起こったとき、その場に子どもしか居合わせないことは決してまれではありません。例えば子どもの立ち入りが禁止されている校舎の屋上などで遊んでいてケガをした場合、子どもから事情を聴こうとしても、校則違反を疑われている子どもは後ろめたく思ったり、大人に叱責されることを避けようとしたりして話したがらないかもしれません。またいきさつを知っている子どもは仲間集団に同調して、話さないかもしれません。

　何か懸念される事態が起こったとき、まず子どものことばで一連の出来事を話してもらうことが大切です。子どもが黙っていると、大人は手っ取り早く「どうして？」「誰？」「AかBか、どっち？」など問うたり、「怒らないから言いなさい」と圧力をかけたりしてしまうかもしれません。先に述べたように、このような大人の態度は誘導性・暗示性が高く、子どもから得られる情報は、大人が確かめたことに限られてしまいます。交通事故を目撃した子どもに「車は何色だった？」「車の種類はワゴン？　セダン？　どっちだった？」と尋ねれば、「白だった」「ワゴンだった」などと（子どもはワゴンやセダンがわからなくても）回答を得られそうです。しかし、例えば車輌に珍しいステッカーが貼られていたり、ルーフキャリアが装着されていたりなど、大人が質問しなかった特徴は捨ておかれてしまう可能性があります。一方、司法面接で重視されるオープン質問は「あなたが見た車のことをお話しして」のように、子どもの体験を自らのことばで語るよう促します。このような誘いかけによって、大人が想定していなかった重要な情報を引き出すことができるかもしれません。

　事件・事故の解決にはそれに関わった（被害にあった、目撃したあるいは事件・事故を起こした）子どもからの具体的で正確な情報が必要です。すでに起こってしまった事件・事故の原因や経過を理解することは、類似の事案の再発を防ぐことにつながります。さらに子どもから得た情報を地域（公園や通学路など）や学校の環境づくりに反映させることによって、大きな事故の防止につながるものと期待されます。

2) 子どもの話すスキルと大人の聴くスキル

　子どもの話すスキルは日常の対話を通して育っていくものであり、普段の大人との会話のあり方が大きな影響を及ぼします。大人の質問に子どもが答えるばかりの会話よりも、大人が子どものことばをうけて「それから何があった？」「その○○のこと、もっと話して」などオープンに聴く方が、子どもの記憶を促し、より詳しく出来事の順序を考慮して自らの体験を語ることができるようになります（槙　2008；仲　2014）。そこでは大人がオープン質問を使いこなせることが前提になります。

　仲（2014）は、子どもに日常の体験を話してもらうことは子どもの安全につながる重要な活動であると述べています。親や教師が子どもの普段の活動や興味のあることについて関心をもち、具体的に詳しく知っていると、子どもに異変があったとき察知しやすくなると思われます。そして子どもは、親や教師が関心をもって自分の話を聴いてくれるという経験を通して大人に対する信頼感を深めていくことでしょう。日常の対話を通して築かれた心安い関係は、万一子どもが事件・事故にあったとき、大人に対する開示を後押しするかもしれません。機を逸せず正確な情報を得ることができれば、子どもを適切に支援することができるでしょう。子どもの安全を守るために、大人の子どもから話を聴く力が求められるのです。

引用参考文献
- 越智啓太（2014）『つくられる偽りの記憶　あなたの思い出は本物か？』化学同人
- 厚生労働省（2018）「子どもの心理的負担等に配慮した面接の取組に向けた警察・検察との更なる連携強化に係る児童相談所の取り組みについて」
- コールマン, A. M.著、藤永保・仲真紀子監修（2004）『心理学事典』丸善出版
- 仲真紀子（1997）「「見たこと」は信頼できるか：目撃証言」海保博之編『「温かい認知」の心理学　認知と感情の融接現象の不思議』金子書房
- 仲真紀子（2008）「子どもの語りと感情表現」佐藤浩一・越智啓太・下島裕美編『自伝的記憶の心理学』北大路書房
- 仲真紀子（2012）「子どもの証言と面接法」根ケ山光一・仲真紀子編『発達科学ハンドブック　発達の基盤：身体、認知、情動』新曜社

- 仲真紀子（2014）「事件や事故、虐待などが疑われるときの子どもへの面接—司法面接と多機関連携」子安増生・仲真紀子編『こころが育つ環境をつくる　発達心理学からの提言』新曜社
- 仲真紀子編著（2016）『子どもへの司法面接　考え方・進め方とトレーニング』有斐閣
- 仲真紀子・稲川龍也・緑大輔・渡邉和美・石橋昭良（2016）「司法面接をどう使うか—スキル、連携、法制度」『法と心理』16（1）：23
- 仲真紀子・杉浦ひとみ・廣井亮一・白取祐司・西田美樹・西尾洋介（2008）「少年事件における少年へのインタビュー」『法と心理』7（1）：70-72
- 法と心理学会・目撃ガイドライン作成委員会編（2005）『目撃供述・識別手続に関数するガイドライン』現代人文社
- バトラー, E. W.・フクライ, H.・ディミトリウス, J-E.・クルース, R.著、黒沢香・庭山英雄編訳（2004）『マクマーチン裁判の深層　全米史上最長の子ども性的虐待事件裁判』北大路書房
- 槙洋一（2008）「ライフスパンを通した自伝的記憶の分布」佐藤浩一・越智啓太・下島裕美編『自伝的記憶の心理学』北大路書房
- Loftus, E. F. & Palmer, J. J.（1974）Reconstruction of automobile destruction：An example of the interaction between language and memory. *Journal of Verbal Learning and Verbal Behavior*, 13：585-589.

心理学を学ぶことの意味

赤嶺 亜紀

● そもそも勉強するのはなんのため?

　友だちづきあいや進路の選択など、日常において悩ましいことは少なくありませんが、それらの解決に数学や英語、歴史や物理など教室で学んだことが役立っているという実感はあるでしょうか。「どうして勉強しなくちゃいけないのか?」「こんなこと勉強しても何かの役に立つとは思えない!」などと不満を口にしたことは、誰でも一度はあるのではないでしょうか。おおたとしまさが『子どもはなぜ勉強しなくちゃいけないの?』(日経BP社、2013年)、苫野一徳が『勉強するのは何のため? 僕らの「答え」のつくり方』(日本評論社、2013年)という本を著しているように、この疑問はなかなか深遠なもののようです。親や学校の先生に尋ねたところで腑に落ちないし、自分では納得のいく答えをみつけられず、考えても仕方ないとやり過ごしてきたひとが多いのかもしれません。

　そこであらためて、勉強するのはなんのため? この問いに対する答えのひとつとして、哲学者の鷲田清一の『哲学の使い方』(岩波書店、2014年)の一節を引用します。

　　答えがすぐには出ない、あるいは答えが複数ありうる、いや答えがあるかどうかもわからない、そんな問題群がわたしたちの人生や社会生活を取り巻いている。そんなときにたいせつなことは、わからないけれどこれは大事ということを摑むこと、そしてそのわからないものにわからないままに正確に対処できるということ、いいかえると、性急に答えを出そうとするのではなくて、答えがまだ出ていないという無呼吸の状態にできるだけ長く持ち堪えられるような知的耐性を身につけることだ。　　　　　(p.ii)

　これを読んで「わからない状態をがまんするってどういうこと?」「勉強してもわからないままでいいの?」「答えを出さなくてもいいの?」など、へんに思ったかもしれませんが、霊長類学・人類学者の山極寿一は次のように記しています。

　　モヤモヤを抱え続けることは、忍耐力を必要とするので、ともすれば、時代や世間の波

に身を任せたくなるときもあります。しかし、どこかでその流れに踏みとどまっていると、流れとは違う何かが見えてくる瞬間がある。そうしてはじめて、自分が考えている世界とは違うものが目の前にパッと立ち現われて、自分の考え方を根底から覆してくれる。これまで人生を懸けてきた甲斐があったなと、出合えたときにはそう思えるのです。そこにこそ、個人として生きてきた喜びや幸福が詰まっているような気がします。

（山極寿一『京大式おもろい勉強法』朝日新聞出版、2015年、p.196）

　答えがわからない状態は、山極が「モヤモヤを抱え続ける」と表現しているように、たいへんなストレスです。試験でもクイズでも、わからないと面白くありません。早く答えを教えてほしいと思います。しかし、問題を投げ出さず思いをめぐらせていると、以前はわからなかったことが理解できるようになり、ものの見方が洗練され、満たされるのです。ここでは鷲田と山極のことばを紹介しましたが、ひとは勉強を続けることによってわからないものを受けいれ、新しい問題を考える力をつけるのだと思います。

　物理学者の松田恭幸は、新しい問題を考えるためには基礎的な知識が欠かせないと記しています（『「個性」はこの世界に本当に必要なものなのか』KADOKAWA、2015年）。私たちは古今東西の文化や歴史にふれることによって、さまざまなものごとに対する善し悪しや好き嫌いなどの価値観を取りいれていきます。しかし、経験したことのない問いに向かうにはこれまでの研究からわかったこと、すなわち他者が出した結論を知っているだけでは十分ではありません。私たちを取り巻く環境も、私たち自身も変わり続けていて、全く同じ事態がくり返されることはありません。以前と似ているけれど同じではない事態に向かうとき、過去と全く同じやり方ではうまく対処できないかもしれません。状況に応じて対処の仕方を自分なりに調整できる方が都合がよいのです。それにはどのようにして結論を導いたのか、その考え方を理解することが肝心だと思います。

　認知科学・心理学者の今井むつみは、創造性とは状況に合わせて自分独自のスタイルで問題を解決できる能力であると記し、次のように指摘しています。

　多くの分野において創造的なパフォーマンスというのは、まったく存在しない要素を創り出すことではなく、すでに存在する要素を今までにないやり方で組み合わせることから生まれるのである。

（今井むつみ『学びとは何か──探求人になるために』岩波書店、2016年、p.190）

私たちは他者のことばやふるまいを見聞きすると、それに共感したり、反発したりします。文章表現・コミュニケーションインストラクターの山田ズーニーは、他者の意見は問題提起を含むものであり、自分の意見のたたき台であると述べています（『「働きたくない」というあなたへ』河出書房新社、2016年）。私たちは、独創性や創造性というものは天から与えられた生まれつきの才能というイメージをもちがちですが、今井や山田が示すように、何もないところから新しいものは生まれがたいのです。

● **心理学ってどんなもの？**

　大学の文系学部・学科の代表には文学や経済学、法学などがあげられ、理系の代表には医学や理学、工学などがあげられます。現在は専門分野の細分化がすすむ一方、伝統的な領域を越えた連携がすすみ、新しい学問領域が生まれています。そのため、学部・学科の名前を一見しただけではその内容がわかりにくいこともあるようですが、芸人で日本語学が専門のサンキュータツオは『ヘンな論文』（KADOKAWA、2014年）の中で、さまざまなジャンルの研究を4種類に分けてとらえています。まず「世界とはなにか」についての研究と「人間とはなにか」についての研究に二分し、さらに「今どうなのか」についての研究と「今までどうだったのか」についての研究に分けています。これによると、気象学や天文学などの自然科学は「世界とはなにか」についての研究に当てはまります。一方、心理学や歴史学は「人間とはなにか」についての研究ですが、前者は「今どうなのか」の研究で後者は「今までどうだったか」の研究に当てはまります。

　心理学 psychology は、psycho（心）の ology（科学、学問）、「心の科学」「行動の科学」であり、ひとのふるまいや生活の中で起こる出来事について、実験や調査を行ってデータを集め、データに基づいて矛盾や飛躍なく、すじ道をたてて説明することをめざしています（生和秀敏『心の科学』北大路書房、2003年）。心理学研究では説明の根拠となるデータの集め方、現象をどのように切り取るかが重要なポイントになります。

　調査は心理学の主要な研究法のひとつで、消費者のニーズや有権者の政治に対する評価を捉えるためのインタビューやアンケートなどが代表的な例です。学生のみなさんなら、学校で進路の希望についてアンケートに答えたことがあるかもしれません。一般に調査は、あらかじめ質問をならべた用紙を作って協力者に回答を求め

ますが、比較的少ないコストでたくさんの情報を集めることができるため、幅ひろく用いられている便利な方法です。

　しかし、私たちは自分の行動であっても的確に説明できないことがあります。アメリカの心理学者、R. ニスベットたちはショッピングセンターの店頭に 4 本のストッキングを並べ、買い物客にもっとも品質がよいと思うものを選んでもらい、その理由を尋ねました。実は 4 本のストッキングは全く同じものでしたが、客はそれに気がつかず、自信をもってひとつを選び、編み方や伸縮性、見た目などが優れているという理由をあげました。このように、ひとは自らのふるまいの理由を問われたとき、知らず識らず、つじつまの合った理由を後づけすることがあるのです（ニスベットたちの研究は、心理学者の熊田孝恒が『マジックにだまされるのはなぜか「注意」の認知心理学』化学同人、2012 年の中で取りあげています）。

　先に心理学は「心の科学」「行動の科学」であると書きましたが、科学の基本的な方法は観察です。植物の成長や天体の動きの観測と同じように、心理学の研究ではひとのふるまいをじっくりみて、ありのままを記録します。例えば、ある食品 X のダイエット効果を調べる場合、X を食べているひとたちと食べていないひとたちの体重をくらべます。このとき、X を食べる量や食事の時間、運動量はひとそれぞれかもしれません。観察の条件が同じでなければ、X のダイエット効果を主張することはむずかしくなります。そこで、研究者が原因と考えられる条件をコントロールした環境でひとのふるまいを観察し、必要なデータを集める実験が効果をあげます。

　この例ならば、食品 X を食べる、食べない以外は、全員が同じメニューの食事を同じ量、同じ時間にとるようにします。ほかにも体重の増減に影響しそうな間食や運動などの条件を同じにして、めいめいの体重の変化を記録するのです。実験協力者の基礎代謝量やふだんの生活習慣などあらゆる条件を均質にすることはむずかしいものですが、実験の手続きや測定指標（何をどのように記録するのか）、比較対照（何と何をくらべるのか）の設定が実験の要になります。その結果、X を食べなかったひとたちより食べたひとたちのほうが減量していたら、食事の量や時間、運動の効果ではなく、食品 X のダイエット効果は確からしいといえるのです。

　このように、心理学は「人間とはなにか」について個人の感情や勘、主観によるのではなく、調査や実験で得たデータ、すなわち他者と共有できる情報、客観的な事実に基づいて論理的に説明しようとするものです。大学の心理学の学修は専門用語や理論を知識として蓄えるだけでなく、その研究方法に習熟して、実社会を心理

学的な考え方で捉えられるようになることが目標と考えています。

ところで、わたしたちは新しい問題に向かうとき、情報を集めてそれに基づいて答えを導こうとするのですが、その際、陥りやすいワナがあります。わたしたちは自分が期待する情報を重視して、期待に反する情報は軽視しやすいのです（道田泰司・宮本博章『クリティカル進化論『OL進化論』で学ぶ思考の技法』北大路書房、1999年）。

この点について、熊田がとてもわかりやすい例を示しています。血液型とひとの性格には関係があると信じているひとは、友だちの血液型がB型だと知ると、そのひとの行動のなかで一般にB型の特徴といわれているものに注目して、「やっぱりB型は□□な性格だ」と自分の信念は正しいという思いを強くします。一方、同じ友だちがO型の特徴といわれているような行動をとったときには「B型らしくない」と思っても、自分の信念を変えることはありません。

道田と宮本が指摘しているように、自分の考えがまちがっていないと結論するためには、自分の期待にそった事例を集めるだけでなく、期待にあわないケースがない（少ない）ことを同時に確かめる必要があります。つまり血液型とひとの性格に関係があると主張するなら、血液型がB型で、B型の特徴といわれているようにふるまうひとがいるということだけでなく、B型の特徴があてはまらないB型のひとはいない（少ない）ことやB型以外にB型の特徴をもつひとがいない（少ない）ことを同時に確かめるべきなのです。

私たちは実生活の問題を考えるとき、その都度自分で実験や調査をすることはなく、たいてい身近なひとから聞いたり、テレビやインターネットで得た情報をもとに判断しています。このとき重要なのは、たくさんの情報の中から「確からしいもの」とそうでないものを自分で区別できることです。見聞きした情報を鵜のみにするのではなく、反対のケースはないか、それぞれの主張の根拠はなにかを自分で確かめることです。

● **心理学は仕事に生かせるの？**

心理学の専門職の代表としてカウンセラーがあげられますが、心理学を生かした職業は、困っているひとを助けるというイメージが一般的のようです。私たちの暮らしにおいては、子どもにも大人にもさまざまな精神面の健康問題が起こっていて、助けを必要としているひとは少なくありません。2015年9月には公認心理師

法が成立し、心理職の国家資格が初めて設けられ、心理学を基盤とするカウンセラー等に対する社会のニーズと期待が高まっています。しかし、心理学を生かせる仕事はカウンセラーのほかにはないのでしょうか。大学で心理学を学んだ人の進路について、心理学者の市川伸一は次のように述べています。

 心理学を生かせる仕事ということを考えるときに、まず注意しておきたいことがあります。第1に、大学で心理学を学んだからといって、それが直接生かせるような仕事につく人はけっして多くないということです。これは、どの分野でも多かれ少なかれ言えることで、大学で学んだというのは一種の「教養」や「ものの考え方」です。たしかに、同じ仕事をまかされても、どんな学問を学んだかによって「それらしさ」が出てくるということはあるでしょう。心理学であれば、心理学の用語や理論を知っていたり、研究法を知っていたりすることが影響を与えるかもしれません。しかし、大学で習ったことがそのまま役に立つということをあまり期待してはいけないということです。会社での仕事の多くは、一般事務職や営業にかかわるものであり、心理学出身者だけが専門を生かした職につくというわけではないのです。
（市川伸一『心理学って何だろう』北大路書房、2002年、pp.102–103）

さらに人材・組織開発コンサルテーションに関わる企業の取締役を務めている岩崎玲子は次のように指摘しています。

 日本企業では専門職としての心理学領域の採用はほとんどありません。就職活動をして就職するということは、心理学へのこだわりを捨てることが求められると思います。
（岩崎玲子「企業の立場から：心理学を学んだ学生さんへ」『心理学ワールド55号 キャリア形成と就職の心理学』2011年、p.17）

このように明言されると、心理学を生かして働くことを望んでいるひとは身もふたもないと思うかもしれません。心理学部・心理学科のある大学のホームページを検索すると、卒業生の進路・就職先には一般企業の名前がずらりと並んでいます。実際のところ、大学を問わず、心理学を学んだひとの進路は一般企業の会社員が最も多いのですが、業種は製造業、卸・小売業、金融・保険業、情報・通信業、飲食・宿泊業、サービス業など多岐にわたっています。つまり心理学研究の対象は子どもから大人、高齢者の衣食住、ひとの暮らし全般に及ぶため、どの分野においても学

びを生かすことができるのです。岩崎は企業に入るとき心理学が役立つ理由を次のように説明しています。

　われわれは、一般に、事実でなくBelief（事実に対する解釈）に基づいて発言し、行動していますが、心理学を学んだ皆さんは、データや事実を見ることに優れ、物事を客観的に捉える訓練をされていると思います。出来事を客観的に考えることができれば、それは大きな強みになると思います。
（岩崎、同上書、p.18）

　子育てや医療・健康、社会の安全、政治や経済など現実の問題の成り立ちはとても複雑です。これまでの心理学の知見を新しい問題の解決にそのままあてはめることは容易でないかもしれません。鷲田は、私たちの生活においては不確かな状況の中でどうするのがよいのかわからないまま、とりあえず事にあたるほかないと記しています。岩崎が指摘するように、心理学の考え方もその支えのひとつになると思います。

PART Ⅲ
現代の子どもと課題

いじめの根絶をめざして
学校・教員はどう対応すべきか

安井 克彦・細溝 典彦

1. いじめ問題へのアプローチ

　全国各地でいじめ被害から子どもが自殺するという痛ましい事件が相次いでいます。2011（平成23）年大津市のいじめ自殺事件が起き、教育委員会や学校の対応のまずさから、再びいじめ問題がクローズアップされ、2年後いじめ防止に関するはじめての法律である、いじめ防止対策推進法が制定・施行されました。しかし、残念ながらその後も横浜市や岩手県矢巾町など全国各地で痛ましいいじめによる自殺事件が起きています。今までさまざまな対応策がとられましたが、その効果はあまり上がっていないと言わざるを得ません。

　安井も20年以上、小中学校の学級担任をしてきました。正直言って、いじめが数件ありました。何とかしようともがきましたが、うまくいかなかったというのが実情です。学年主任や隣のクラス担任に相談しても、「お前の学級経営が悪いからだ」と言われそうで、相談することもできなかったのが実情です。40年経った今、当該の子どもたちに悪かったといまさらながら慚愧の念に堪えません。

　いじめは子どもの成長に関わり、重大な影響を与える深刻な問題であります。昨今は携帯電話やスマートフォンなどによって、いじめの手口も巧妙になり、わかりにくくなってきています。それだけに、いじめ問題に正対しなければならないと思います。

1）大河内君いじめ自殺事件と概略

愛知県でもかつていじめによる自殺事件がありました。安井は当時、愛知県教育委員会義務教育課の生徒指導担当者（いじめ・不登校担当）でした。

- ・学校名　　　愛知県西尾市立A中学校
- ・発生日時　　1994（平成6）年11月27日
- ・遺書の概要　4人の生徒から暴力や金品のたかり（約100万円）を受け続け、つらくて生きていけない。

- ・事件の概要

1994（平成6）年11月27日、愛知県西尾市のA中学校2年の大河内清輝君（13歳）が、自宅の裏庭のカキの木にロープをかけ自殺しました。葬儀の日、遺書が机の引き出しから見つかりました。陰惨な暴行や多額の現金を奪われたことなど、いじめの事実が遺書から明らかとなり、社会に衝撃を与えました。

小学校の頃もいじめは受けていたようですが、中学校になるといじめはひどくなりました。自転車を壊されたり、持ち物を隠されたりしました。自転車屋さんのご主人が学校にいじめではないかと報告しましたが、学校はしっかり調べませんでした。2年生になると現金の要求が始まりました。ひどい時は一人2万円、首謀者は4人でしたので8万円になるわけです。両親や親せきの方から頂いたお金はすべて巻き上げられました。おばあさんからもらった理髪代もそれに代わりました。仕方なしに、父母の財布から現金を盗ることもしました。

それをしないと、暴力にあうからです。特にひどかったのは、川に連れて行かれて、おぼれさせられるということです。（遺書に書かれていた）パシリに使われたり、パンツで運動場を走らされたりしました。

家庭では、清輝君の異変に気づいた父親が問い詰め、ときには激しく叱責しました。それでも清輝君は白状しませんでした。4人の仕返しをおそれていたからでしょう。そして、連日つづくいじめに耐えかねて、自ら命を絶ったのです（片山　2011：102）。

2) 遺 書

「今日、もっていくお金がどうしてもみつからなかったし、これから生きていても……」いじめを苦に自殺した大河内清輝君の遺書の全文が中日新聞に公表されました（中日新聞，1994年12月5日）。多額の現金を要求されて、ついに死を決意した経緯が4枚の便箋につづられています。

> いつも4人の人（名前が出せなくてスミマセン。）にお金をとられていました。そして、今日もっていくお金がどうしても見つからなかったし、これから生きていても……。だから……。また、みんなといっしょに幸せに暮らしたいです。しくしく。小学校6年生ぐらいから少しだけいじめられ始めて、中1になったらハードになって、お金を取られるようになった。中2になったら、もっと激しくなって、休み前にはいつも多い時で60000円少ないときでも30000から40000、このごろでも40000．そして17日にもまた40000ようきゅうされました。だから……。でもぼくがことわっていればこんなことには、ならなかったんだよね。スミマセン。もっと生きたかったけど……。家にいるときがいちばんたのしかった。いろんな所に、旅行に連れて行ってもらえたし、何一つ不満はなかった。けど。……。
>
> あ、そうそう！お金を盗られた原因は、友だちが僕の家に遊びに来たことが原因。いろんな所をいじって、お金の場所を見つけると、とって、遊べなくなったので、とってこいってこうなった。
>
> オーストラリア旅行。とても楽しかったね。あ、そーいえば、何で奴らに言いなりになったか？それは川でのできごとがきっかけ。川につれていかれて、何をするかと思ったら、いきなり、顔をドボン。とても苦しいので、手をギュッとひねって、助けをあげたら、またドボン。こんなことが4回ぐらいあった。特にひどいのが、矢作川。深い所は水深5〜6mぐらいありそう……。　　（以下　略）

2. 今日のいじめの特徴と定義

今日起こっているいじめには、次のような特徴があると考えられます。
・ゲームとしてのいじめ
・いじめの対象になっている子どもに非や責任がないこと
・成員をガードしない集団

・1対1ではなく、1対多数で行われること
・長期間続くこと
・集団の外側から、見えないように行われること
・ターゲットをローテーションするためにおびえていること

　その他、スマートフォン・携帯電話等を使用した悪質ないじめも最近の特徴としてあげることができます。

　「いじめの定義」を私たちはどう捉えたらいいのでしょうか。文部科学省の『生徒指導提要』(2010年)をはじめ、多くの生徒指導関係の書物に書かれていますが、ここで再確認しましょう。

　文部科学省は次のように定義しています。

　従前は「自分より弱い者に対して一方的に、身体的・心理的な攻撃を継続的に加え、相手が深刻な苦痛を感じているもの」としていました。それが2006(平成18)年度には、「人間関係の強弱」と「継続的な攻撃」という語句が消え、「当該児童生徒が、一定の人間関係のある者から、心理的、物理的な攻撃を受けたことにより、精神的な苦痛を感じているもの」と改正されました。さらに、2013(平成25)年度からは「インターネットを通じて行われるもの」も含まれると改正されました。

　また、深谷和子はいじめの定義を次のように述べています。「子ども間で仲間に対して行われる攻撃的行動で、通常の喧嘩やトラブルと違う点は、①多数で1人をターゲットにする。年上の者が年少の者に対しておこなう。地位の上の者が地位の下におこなうなど、いじめられる側といじめる側の間で力のバランスを欠いた状態でおこなわれる。②1日限りや数日のように短期間ではなく、長期にわたっておこなわれる。③ターゲットにされる側が相手に何ら責任を負う行為をしていない状態でおこなわれる行為である」(深谷　2011：8)。

3. いじめの実態

　いじめの実態を「平成28年度児童生徒の問題行動・不登校等生徒指導上の諸

課題に関する調査」の結果から分析すると、以下のようになります。

1) いじめの認知状況

表14.1のように、小・中・高等学校及び特別支援学校におけるいじめの認知件数は323,143件（前年度225,132件）と前年度より98,011件増加しており、児童生徒1,000人当たりの認知件数は23.8件（前年度16.5件）です。また、いじめを認知した学校数は25,700校（前年度23,557校）、全学校数に占める割合は68.3%（前年度62.1%）です。これらからいじめの認知件数は大幅に増加したといえます。

表14.1 いじめの認知学校数・認知件数

区分		学校総数：A（校）	認知した学校数：B（校）	比率：B/A×100（%）	認知件数：C（件）	1校当たりの認知件数：C/A（件）	認知していない学校数：D（校）	比率：D/A×100（%）
小学校	国立	72	56	77.8	2,399	33.3	16	22.2
	公立	20,033	14,175	70.8	233,668	11.7	5,600	28.0
	私立	230	103	44.8	1,189	5.2	123	53.5
	計	20,335	14,334	70.5	237,256	11.7	5,739	28.2
中学校	国立	77	67	87.0	783	10.2	10	13.0
	公立	9,608	7,557	78.7	68,291	7.1	1,971	20.5
	私立	793	390	49.2	2,235	2.8	368	46.4
	計	10,478	8,014	76.5	71,309	6.8	2,349	22.4
高等学校	国立	19	12	63.2	141	7.4	7	36.8
	公立	4,151	2,349	56.6	10,017	2.4	1,800	43.4
	私立	1,528	642	42.0	2,716	1.8	862	56.4
	計	5,698	3,003	52.7	12,874	2.3	2,669	46.8
特別支援学校	国立	45	13	28.9	87	1.9	32	71.1
	公立	1,065	333	31.3	1,614	1.5	729	68.5
	私立	13	3	23.1	3	0.2	10	76.9
	計	1,123	349	31.1	1,704	1.5	771	68.7
計	国立	213	148	69.5	3,410	16.0	65	30.5
	公立	34,857	24,414	70.0	313,590	9.0	10,100	29.0
	私立	2,564	1,138	44.4	6,143	2.4	1,363	53.2
	計	37,634	25,700	68.3	323,143	8.6	11,528	30.6

出所：文部科学省「平成28年度児童生徒の問題行動・不登校等生徒指導上の諸課題に関する調査」

2) いじめの認知件数の推移

2006（平成18）年度から発生件数から認知件数へといじめの定義が変更されたので、図14.1は認知件数の経年変化をグラフ化したものです。図14.1をみると、平成24年度から認知件数の増加が読み取れます。特に小学校で急増したといえます。

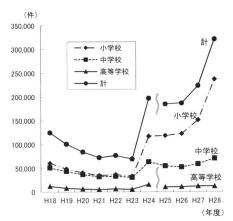

図14.1　いじめの認知件数の推移

出所：表14.1に同じ
（注）平成25年度からは高等学校に通信制課程を含める。

3) 学年別のいじめの認知件数

図14.2のように、大まかにいえば小・中・高と学齢が上がるにつれ認知件数は減少しています。ただし、小6から中1で大幅に増加しています。小学校から中学校へのさまざまな環境の変化等いわゆる中1ギャップの課題が「いじめ」

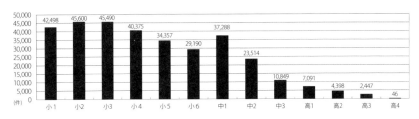

図14.2　学年別いじめの認知件数のグラフ

出所：表14.1に同じ

においても推察できます。

4) いじめの態様

　いじめの態様については、小学校では「冷やかし・からかい」「軽い暴力」「仲間はずれ」の順に多く、中学校でも「冷やかし・からかい」「軽い暴力」「仲間はずれ」の順、高等学校では「冷やかし・からかい」「仲間はずれ」「軽い暴力」という順になっています。

・冷やかしやからかい、悪口や脅し文句、いやなことを言われる。　　63%
・軽くぶつかられたり、遊ぶふりをして叩かれたり、蹴られたりする。　22%
・仲間はずれ、集団による無視をされる。　　　　　　　　　　　　　15%
・嫌なことや恥ずかしいこと、危険なことをされたり、させられたりする。
　　　　　　　　　　　　　　　　　　　　　　　　　　　　　　　　7%
・金品を隠されたり、盗まれたり、壊されたり、捨てられたりする。　　6%
・ひどくぶつかられたり、叩かれたり、蹴られたりする。　　　　　　　6%
・パソコンや携帯電話等で、誹謗中傷や嫌なことをされる。　　　　　　3%
・金品をたかられる　　　　　　　　　　　　　　　　　　　　　　　2%
　（注）複数回答、構成比は各区分における認知件数に対する割合

5) いじめ状況の調査概要

　文部科学省では、毎年、児童生徒のいじめ、暴力等の問題行動を調査し、それをまとめて公表しています。その中で、特に「いじめ」の項の平成28年度の結果についてみてみましょう。
① いじめの認知件数は、小学校237,256件、中学校71,309件、高等学校12,874件、特別支援学校1,704件の合計323,143件で、昨年より98,011件増加している（再録）。
② いじめの現在の状況で「解消しているもの」の件数の割合は90.5%となっている。

③ いじめを認知した学校数は25,700校であり、学校総数に占める割合は68.3%となっている（再録）。
④ いじめの発見のきっかけは「アンケート調査など学校の取組により発見」は51.5%で最も多く、「本人からの訴え」は18.1%、「学級担任が発見」は11.6%となっている。
⑤ いじめられた児童生徒の相談状況は「学級担任に相談」が77.7%で最も多い。
⑥ いじめの態様のうちパソコンや携帯電話等を使ったいじめは10,779件で、いじめの認知件数に占める割合は3.3%となっている。
⑦ いじめの日常的な実態把握のために、学校が直接児童生徒に対し行った具体的な方法について「アンケート調査の実施」では、いじめを認知した学校で99.3%、いじめを認知していない学校で94.3%となっている。「個別面談の実施」ではそれぞれ90.0%、85.6%の合計88.6%となっている。
⑧ いじめ防止対策推進法第28条第1項に規定する重大事態の発生件数は396件となっている。

6）ネットいじめの実態

「ネットいじめ」とは、パソコンや携帯電話等を通して、インターネット上のウエブサイトの掲示板などに、特定の子どもの悪口・中傷を書き込んだり、メールを送ったりする方法により、いじめを行うものです。インターネット・携帯電話の普及に伴い、児童生徒の過剰な使用時間や生活習慣の乱れ、さらに深刻なトラブルが発生しています。児童生徒自身が被害者や加害者にならないように情報モラル教育が不可欠です。

掲示板などへの書き込みによるいじめは、自分が知らないところで広まり、突然周りの人間関係がおかしくなってしまい、自分でわけがわからない状態になってしまいます。一方、いじめ目的のメールは、相手がわからず、次々に送られてくるメールに翻弄されてしまいます。どちらにしても、本人がパニック状態になり、人間不信に陥り、不登校になってしまうケースも稀ではありません。

文部科学省の上記調査によると、いじめのうち会員制交流サイト（SNS）など「パソコンや携帯電話での中傷、嫌がらせ」の認知件数が前年から1,592件増の10,779件に上っています。学校種別では、小学校2,679件（604件増）、中学校5,723件（1,079件増）、高等学校2,239件（126件減）となっています。文部科学省の担当者は「SNSは今の子どもにとって身近なコミュニケーションツールで実際はもっとあるだろう」と推察しています。

4. いじめのサインと構造

1）いじめのサイン

　いじめにあっている子どもは必ずサインを出しているはずです。われわれ教員はそれを見逃してはなりません。鋭敏な眼で、子ども一人ひとりを観察しなければなりません（有村　2007：204-207）。

【学校で見られるサイン】
・服装に汚れが目立ち、いつもに比べ元気がない。
・悪口を言われても反発せず、友だちのいいなりになっている。
・買い物や友だちの呼び出しなどの使い走りをしている。
・給食の際、配食が最後だったり、盛り付けが少なかったりする。
・身体の不調を訴えて、遅刻したり、欠席したりする。

【家庭で見られるサイン】
・学校に行きたがらない。
・友だちの名前を出さない。
・持ち物や学用品が壊れていたり、なくなったり、落書されたりする。
・身体にあざやすり傷が見られる。
・小遣いをせびったり、無断で家の金銭を持ち出したりする。
・学校から帰宅すると、ぐったりしている様子で、食欲がない。
・体調不良を理由に、学校の行事への不参加、学校を休もうとする。
・メールをひんぱんに気にしている。

2) いじめの構造

いじめの構造については森田洋司の「四層構造論」が有名です（図14.3参照）。すなわち、いじめはいじめる側といじめられる側の2者だけではなく、「観衆」として面白がったり、はやし立てたりする第3者、そして「傍観」する第4者が考えられます。森田らは、ここで、第3者や第4者が重要だと指摘しています。本来ならば、第3者、第4者の中から、「いじめはやめておけ」というようなリーダーが出て来ることが望ましいわけですが、なかなかそういうリーダー「仲裁者」が出てこないのが現状です。

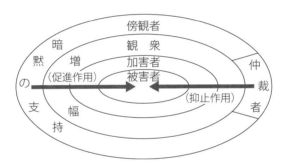

図14.3　いじめの集団の四層構造モデル
出所：森田（2010：132）

多くの子どもは、自分には関係ない、いや関係したくないと思っているのです。これは正直な気持ちでしょうが、それを一歩進めて、いじめられる子はかわいそうだなという気持ちを少なくとももたせたいものであります。そういう気持ちを学級の全員がもてば、その学級からはいじめはなくなるでしょう。

5. 学校におけるいじめ対応

1) いじめに対する基本的な考え方

上記の定義等をふまえて、いじめに対して、基本的な考え方を共有することが、まず大切です。

① いじめは、「どの学校でも、どの子にもおこり得る」問題であること。
② 「いじめは人間として絶対に許されない」との強い認識に立つこと。
③ いじめられている子どもの立場に立った親身の指導を行うこと。
④ いじめ問題は、教員の児童生徒観や指導のあり方が問われている問題であるという認識に立つこと。
⑤ 家庭、学校、地域社会等すべての関係者がそれぞれの役割を果たし、一体となって真剣に取り組むことが必要であること。

この5つの基本的考え方の上に立って、全職員が共通理解をはかり、いじめに対処しなければなりません。

2) いじめの対応策

いじめの問題について、どのような取り組みを行ったかを見ますと、小・中・高等学校とも、「担任や他の教職員が状況を聞く」「担任や教職員が継続的に面談しケアする」「家庭訪問をする」「他の児童生徒に助力・支援を個別に依頼」が多くなっています。現実の学校では、以下のような対応をしています(文部科学省　2003)。

・学級担任や他の教職員が状況を聞く。	93%
・学級担任や他の教職員が継続的に面談しケアを行う。	50%
・学級担任や他の教職員が家庭訪問を実施	24%
・他の児童生徒に対し、助力・支援を個別に依頼	15%
・養護教諭が状況を聞く。	10%
・グループ替えや席替え、学級替え等	8%
・養護教諭が継続的に面談しケアを行う。	7%
・スクールカウンセラー等の相談員が状況を聞く。	6%
・スクールカウンセラー等の相談員が継続的にカウンセリングを行う。	4%
・別室を提供したり、常時教職員が付くなどして心身の安全を確保	5%

・当該いじめについて、教育委員会と連携して対応　　　　　　　3%
・緊急避難としての欠席　　　　　　　　　　　　　　　　　　2%
・児童相談所等の関係機関と連携した対応（サポートチームなども含む）　1%
　（注）複数回答、構成比は各区分における認知件数に対する割合

3）いじめの具体的対策

　いじめはいけないことだとわかっていても、気づかぬうちに陥ってしまいやすい行為です。したがって学校全体、学級全体でいじめを根絶する、いじめを許さないという表明を確認し、いじめは絶対にいけないというメッセージを日常的に出していく必要があります。

　具体的には、教職員の定期的・継続的ないじめに関する研修とそのプランの作成・実施、いじめ防止プログラム（構成的グループ・エンカウンターやロールプレイ）の作成と実行、いじめがおきたときの対応図の作成、いじめ防止のポスターの作成、各クラスにいじめに関する規則（子どもと一緒に作った規則）の設定、いじめアンケートの定期的実施、保護者・児童生徒・職員・地域の人へのいじめの広報などが考えられます。

　ポスター等の目に見える形はメッセージ性も高く有効です。アンケート調査も定期的に取り入れることで、それ自体にいじめを抑止する効果もあります。

4）学校における取り組みの6つの視点

　学校においては、校長を中心に、いじめの早期発見と根絶に向けて、教職員が一体となって取り組む体制を確立するとともに、教職員の意識を高め、これまでの取り組みを再点検し、児童生徒の訴えや保護者の願いを積極的に受け止めることが大切です。

① 教職員による指導体制の確立

　全教職員がいじめの問題の重要性を認識し、校長を中心として一体となって取り組む体制を確立する。

② 学級・ホームルームにおける人間関係と信頼関係の醸成

教員は、日常活動を通じ、教師と児童生徒及び児童生徒相互の温かく好ましい人間関係づくりに努める。
③ 児童生徒の悩みを受容する教育相談体制の充実
　児童生徒の悩みや要望を積極的に受け止めることができるよう、校内相談体制を充実する。
④「いじめ・不登校対策委員会」の機能充実
　小・中学校における「いじめ・不登校対策委員会」で取り上げられた児童生徒については、確実に解決するまで見届け、継続的に指導する。
⑤ 家庭・地域社会との連携の強化
　学校は家庭・PTA・地域社会との密接な連携を深めることによって、教育効果を上げるように努める。
⑥ 心の教育の充実
　学校の教育活動全体を通して「いじめは人間として許されない」を児童生徒に明確に認識させる。
　以上の6つの視点に基づき各学校並びに学校教育関係者は「いじめはすべての学校に起こり得る」「いじめの多くは学校生活に起因する」ことを真剣に受け止め、取り組みの充実・徹底を図る必要があります（安井　1995：50-54）。

6. いじめ対策としての開発的・予防的生徒指導

　まず、いじめに対して、人権尊重の立場にたち、「いじめは人間として絶対に許されない」という立場に立って指導することが肝要です。『生徒指導提要』では、①いじめの早期発見と早期対応、②組織的対応の進め方、③いじめ対策としての開発的・予防的生徒指導の充実を列記しています。
　これらを踏まえ、
ア　学級担任はじめ教職員は、必ず、「報告・連絡・相談」をするとともに、校内のいじめ・不登校対策委員会での対応等、全校体制で臨むようにし、担任一人だけで解決しようとしない。

イ いじめられている子どもには、その立場になって悩みを受容的に聴くなど心のケアに細心の注意をはらうように緊急措置を工夫し、不安を取り除く。
ウ いじめた子どもへの対応では、「いじめは断固として許さない」という毅然とした態度で、まずいじめを止めさせ、その後、背景を十分聴く。

これらが重要なポイントと思われます（愛知県教育委員会　2014）。

いずれにしても、いじめ問題は容易に解決しないことも多くあります。担任を中心にして、同じ学年の教員、管理職、生徒指導主事（主任）、養護教諭、部活動顧問、スクールカウンセラー等でチームをつくり、全校態勢で組織的に取り組む必要があります。いじめられている児童生徒の立場にたって、全教職員が「必ず解決する」という信念をもつことが肝要です。

また、いじめは問題が起こると多大な時間と労力が必要になりますので、今まで以上に、未然防止に尽力することが重要です。

さらに、いじめが起きても子どもたちが主体的に問題を解決したり、エスカレートすることを防いだりするような人間力や人間関係を育成することも大切です。具体的な実践としては、グループエンカウンターやピア・サポート活動、ソーシャルスキルトレーニング、アサーショントレーニングなどの手法を活用して、開発的・予防的生徒指導の充実を推進することが重要です。

引用参考文献
・愛知県教育委員会（2014）『小さなサインが見えますか』
・有村久春（2007）『新編生徒指導読本』教育開発研究所
・片山紀子（2011）『入門生徒指導』学事出版
・深谷和子（2011）「いじめ」岩内亮一編『教育学用語辞典』学文社
・森田洋司（2010）『いじめとは何か』中公新書、中央公論新社
・文部科学省（2017）「平成28年度児童生徒の問題行動・不登校等生徒指導上の諸課題に関する調査」
・文部科学省（2003）「生徒指導上の諸問題の現状と文部科学省の施策について」
・安井克彦（1995）「いじめへの対応」愛知県教育委員会『教育愛知』

15 子どもの暮らしはどう変わったか？

釜賀　雅史

はじめに

　一口に「子ども」のありようを語るといっても、どのような観点（学問的関心）から見るかで、そのイメージはかなり違ったものとなるものです。

　ここでは、子どもの生活世界とその変容を描いてみます。つまり、さまざまな人々との係りの中で作りあげられる子どもの日常の暮らしを多面的に捉え、その戦後70年余の変化を社会史的にスケッチしてみたいと思います。

1. こうした子どもの暮らしもあった

1）多彩な子どもの暮らしぶり

　次の文は、門脇厚司先生（1940年生まれ）が、山形県庄内地方で過ごされた小学校時代を回想して書かれたものです。

> 　まず、登校。私の家があった村から学校のある村まで歩いて通うのであるが、その距離は約2キロ、片道30分ほどであった。別に「そうせよ」という学校のきまりがあったわけではないが、村の子供たちがバラバラに学校に行くことはまずなく、朝飯を済ませ、カバンを持った小学生たち男女が、三々五々、私の家の隣にあったお寺の境内に集まってくるのが習わしであった。皆が集まるのを待ちながら、そこでひと遊び。縄跳びとか押し出しといった身体を使った集団遊びが主、時期によっては、メンコやコマ回しや釘打ちなどをすることもあった。………

> 　放課後。家の手伝いがない時は夕食時まで徹底して遊ぶ時間。どんなことをするかは、春夏秋冬、時季によって異なっていたが、雪解けのころの雪破りや山菜摘みから、水泳、魚捕り、かけっこ、鳥追い、チャンバラ、蝗捕り、山ブドウ取り、キノコ狩り、スキー、雪合戦、肥やし運びなどなど、枚挙にいとまがないほど多彩であった。そのほかに、農繁期の田植えや稲上げのシーズンは学校が1週間ほど一斉に休み。大人たちに交じって、小学1年生から全員がそれぞれに仕事を手伝うのが習わしであった。……
> 　田舎であれ、都会であれ、高度経済成長以前の日本には、地域社会が実態として存在しており、そこでの人間関係は濃密であったということである。
>
> （門脇　1992：42-43）。

　こうした子どもの多彩な暮らしの風景は、日本が戦後復興を終え、高度経済成長期にさしかかろうとする1950年代前半の地方では一般に見られるものでしょう。子どもたちの日常は、「学ぶ」「遊び」「働く（手伝う）」という3つの行為によって成り立っていました。都市部も、田舎と違った環境にあったとはいえ、今とは比べものにならないくらい子どもの日常は多彩でした。

　ここで何といっても印象的なのは、遊ぶ子どもの姿です。朝の登校前の遊び、学校での休み時間の遊び、放課後の遊びと、何と遊びの種類の多いことか。この時代は、地域差はあったでしょうが、今日と比べれば生活は貧しく、遊具にしろ学用品にしろ満足なものはなかった時代です。しかし、子どもは大人たちに干渉されることなくのびのびと遊べる時代でした。市販の玩具は少なく、遊びも屋外での異年齢の子どもも交じっての群れ遊びが中心でした。

　学校の宿題もさほど多くなく、子どもにとって勉強の位置取りは大きくはありません。子どもたちは暮らしの中でさまざまなことを学んでいました。現在とは違い、「地域の教育力」が際立っていました。子どもたちは、地域住民のまなざしと濃密なかかわり合いの中で育っていたのです。

2）地域の中で育った子どもたち

　子どもが働くということは奇異に感じられますが、高度成長期前の日本においては普通のことだったのです。農繁期の田植えや稲の穫り入れの時、学校が

休みになることは普通にみられました。

　翻って考えれば、子どもが「労働」から自由になるのは、そう昔のことではありません。子どもの「労働」には、途上国で問題視されてきた「児童労働」のような負の側面があることは否めません。それは戦前期あるいは戦後間もない段階の日本においても見られました。とはいえ、高度成長期の直前まで、特に農山漁村の子どもたちは、日常的に家業の担い手として一定の役割を果たしていました。地域共同体のメンバーとして大人に交じって働き、遊び、ともに苦しみや喜びを分かち合って「一人前」の人間として育っていくような子ども像がリアリティーをもっていた時代だったのです（高橋・下山田　1995：83）。都市部では、農作業はないにしても、家業の手伝いや子守を含め家事全般にわたる手伝いは当たり前のことでした。こうした事実は、戦前あるいは戦後間もない段階から高度成長期初期の日本社会を記録した写真集などで確認できます。

　戦後の日本の教育は民主的理念に裏付けられた制度によって変革され、その意味で戦前と戦後の間には断絶が見られます。しかし、人々の日常は一機に変わるということはありませんでした。つまり、敗戦直後から高度成長期に至る頃までの子どもを含む人々の暮らしには、「日本的」地域共同体の生活文化がその基底にあり、その意味で戦前との連続性が認められるのです。

2. 経済社会の構造変化と子どもの暮らし

1）高度経済成長が子どもの暮らしを変えた

　戦後の日本は、1955（昭和30）年頃から60年代末にかけてGDP（国内総生産）が年率10％前後のテンポで増大していきました。この時期を高度経済成長期といいます。この高度経済成長を牽引したのは製造業部門です。就業者比率においても、1955年では、第1産業41.1％、第2次産業23.4％が、第3次産業35.5％であったものが、1970年には第1次産業19.3％、第2次産業34.1％、第3次産業46.5％と、農業を中心とした第1次産業は半減します。代わって第2次産業がそして第3次産業が大幅に伸びました。

こうした産業構造の変化とともに、社会は大きく変わります。農山村地域から工業地域、大都市圏への人口の大移動が起こり、都市部を中心として核家族化が進展します。地方からの豊富な労働力と技術革新によって生産力を高めた第２次産業はおびただしい商品としてのモノを生産し、それは第３次部門の発展と相まって迅速かつ合理的に全国に供給されていきます。それにつれて国民の消費生活のありようも大きく変わり、日本社会は大衆消費社会としての姿を明確にしていくのです。

　子どもの暮らしの環境は、高度成長期を通して大きく変わっていきます。その変化を図示すれば図15.1のようになるでしょう。

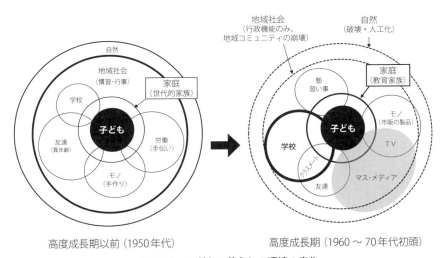

図15.1　子どもの暮らしの環境の変化

出所：高橋・下山田（1995：82）の図を参考に筆者作成

　50年代には広く地域社会を生活圏とした多彩な子どもの暮らしぶりが見られますが、60年代の高度成長期以降になると、地域社会の陰が薄くなり、子どもの日常は学校を中心とした学びの時空を中心に語られるようになります。

2）学校化社会の中の子どもたち

　社会学の祖デュルケムは、教育は「若い世代に対して行われる組織的社会化」であるといいます。つまり、教育によって、子どもは文化と規範を身につけ社会の成員として適合していくということです。こうした子どもの社会適合を促す営みは、いかなる時代、いかなる場所においても存在するものです。それが、19世紀末から20世紀初頭になると、先進諸国では制度化された学校で義務教育として行われるようになります。

　日本では、学校制度と義務教育の確立がめざされるのは明治以降のことになります。とはいえ、戦前においては、子どもが「一人前」の大人へ成長していく過程において、学校が果たした役割は現在からみれば小さなものでした。戦後においても少なくとも50年代は、地域社会の果たす役割が極めて大きかったのです。それが、産業化と都市化が進展していくにつれて、地域社会の役割が学校へ移譲されていきます。子どもに「地域、すなわち伝統的な慣行や価値観を伝えた共同体は、戦前期から次第に子どもの社会化に対する影響力を弱めていき、高度成長期に最終的に消滅」し（広田　1999：127-128）、代わって学校が子どもへの影響力を強めていくのです。

　そして、日本が経済成長の軌道に乗り経済大国としての姿態を整えていくに従って、その成員に相応しい高度な能力を有する人材の育成が要請されてきます。「期待される人間像」が別記で付された1966年の第20期中央教育審議会の答申「後期中等教育の拡充整備について」は、当時の政財界の意向を反映した人づくりモデルの表明であり、この動きを象徴するものといえるでしょう。

　こうした経済社会の変化と軌を一にするかのように、高校進学率は高まっていきます。1970年代に入る頃にはそれは90%を超えるようになります。また、大学・短大への進学率も戦後間もない頃は10%に満たなかったものが、70年頃には20%以上に達し、日本は高学歴社会となり、今日に至っているのです（現在の大学・短大進学率は約53%で、それは幼稚園就園率とほぼ同じ水準です）。

　このような学校教育の拡大に伴い、学校的能力＝成績が「能力」の社会的定義として一般化されるようになり（藤田　2007：36）、「よい成績をとること」が

子どもや親たちの最大の関心事となります。高度成長期を通して、学校はもとより塾などを含む「勉強」の場が、子どもの暮らしの中心になっていくのです。

　家族についていえば、高度成長期を通して、農村社会に特徴的にみられる直系3世代の世代的家族が減少します。一方、産業構造が高度化し、都市化が進み、都市就業者（被雇用者）が急増するに伴って、一組の夫婦と子どもで構成される核家族が家族モデルとなっていきます。この核家族は、それまでの共同体的人間関係から自由な、親から子どもに対して濃密な愛情と教育的まなざしが注がれる「教育家族」です。「教育ママ」なる言葉が登場するのもこの頃です。

　経済の高度成長は、快適な家庭生活をもたらします。洗濯機、冷蔵庫を始め、掃除機、炊飯器等など、さまざまな家電製品の普及は、主婦の家事労働を大幅に軽減し、同時に子どもから手伝いの機会を奪っていきます。また、就業者の増大（自営業者の減少）は、家業を手伝う子どもが少なくなることを意味します。そして、4〜5人の子どものいる家庭が珍しくなかった50年代には子守は重要な年長の子どもの仕事でしたが、60年代も後半にもなると出生児数が減りはじめ、子守の手伝いは必然的に無くなります。

　こうした子どもの暮らしの変化は、身近な漫画を通しても観察することができます。例えば4コマ漫画「サザエさん」がそうです。これは1949年から1974年にわたり朝日新聞夕刊に連載された長谷川町子作の家庭漫画です。樋口恵子は、それが時系列に整理された『サザエさん』（全68巻・姉妹社刊）に登場する「カツオ」（最初から最後まで小学5年位の男子として描かれています）の姿に注目します。そして、時とともに変化するカツオの日常のありように当時の子どもの姿を見ています。確かに樋口が考察しているように、60年代の「サザエさん」に描かれたカツオの日常行動の変遷を追えば、「物の豊かさ、進学競争の拡がりと反比例して、行動領域が狭められ、遊びと労働を失い、学習ペットというべき立場に封じ込められていく」（樋口　1993：96）子どもの姿が炙り出されてくるのは興味深いところです。

3) 変わる子どもの遊び空間

 何時いかなるところにおいても、子どもの暮らしには「遊び」があります。「遊び」は数多くの専門家が指摘するように子どもの育ちにおいて重要な役割を果たすものです。以下では、子どもの遊びの環境が高度成長の前と後とではどのように変容していくかを視てみましょう。

①「原っぱ」「道路」(路地裏) のもつ意味

 高度経済成長の前と後とで変わっていく子どもの遊びのありようを、藤田英典は「原っぱ」「道路」「家の中」という3つの遊び空間に類型化し説明しています (藤田　1991：31-33)。

 それに従えば、高度成長期以前の子どもの遊び空間はもっぱら「原っぱ」と「道路」でした。「原っぱ」は、特に農村地域の代表的な遊び場で、クラスメートとは違うさまざまな年齢層の子どもたちが群れ遊ぶ場所でした。

 「道路」は、都市部の子どもたちにとって農村部の「原っぱ」と同様に、小規模ながら子どもたちのたまり場でした。とりわけ住居に隣接した裏通りの「路地」は、子どもたちが活発に外遊びができる自由な空間でした。さらに、路地裏に点在する駄菓子屋や貸本屋は、放課後、子どもたちが三々五々集う場所でした。特に、駄菓子屋の店先はかれらの貴重なコミュニケーションの場でした (その様子は、例えば映画『Always 3丁目の夕日』に描かれている一平ら子どもたちの日常風景を見ればよくわかります)。

 こうした原っぱや道路および路地裏という遊びの空間は、子どもたちにとって大人の目が届かない彼らだけの自由な空間でした。実はそれだけに、子どもの育ちにとって大きな意味をもっていました。何の制約もない自由な活動である故に子どもたちの創造力が培われ、また集団としての自律する能力を自然に獲得できたといえるでしょう。

②「原っぱ」「道路」(路地裏) から「家の中」へ

 高度成長期において、こうした遊び空間は、産業化と都市化の進展とともに姿を消していきます。また、60年代以降、都市部を中心として塾や習い事をする子どもが増え、遊びの仲間集団が成立しなくなります。仲間との遊びが見ら

れたとしても、それは学校での昼休みのクラスメートとの遊びでした。自由に遊べる時間は、もっぱら家の中で、一人でテレビを視たり、漫画雑誌を読んだりして過ごす子どもが多くなります。

　藤田は、こうした子どもの遊び空間の変化を「原っぱ」「道路」(路地裏)から「家の中」への変化として説明しています(藤田　1991：33)。「家の中」という遊び空間は、60年代、高度経済成長がもたらした子どもの遊び場です。経済開発に伴い自然(原っぱ)は消滅し、公道は交通事故のリスクが高まって、外遊びの空間は消滅し始めます。また、教育に対する大きな関心と進学競争の激化を背景に、塾や習い事に通う子どもたちが多くなり、分刻みの細切れになった遊び時間をかれらは家の中や家の近くで過ごさざるを得なくなるのです。

3. 高度情報化社会と子どもの暮らし

1) 情報化がもたらしたもの

　1970年代も後半になり、日本社会を説明するキーワードとして「情報化」という言葉が頻繁に使われるようになります。しかし、その頃の「情報化」は、工場などでのコンピュータの導入による生産の効率化や情報産業の台頭など

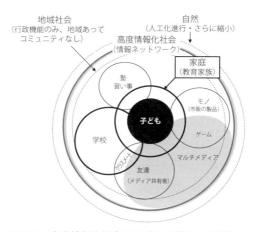

図15.2　高度情報化社会の子どもの暮らしの環境

「産業の情報化」が中心でした。それが、「高度」情報化社会と呼ばれるようになる80年代後半以降になると「暮らしの情報化」が加速化し、一般の家庭生活を一変させます。例えば、80年代後半になると、ワープロが普及し始め、ビデオデッキやテレビゲーム、ファックスやパソコン、ポケベルなどが登場します。そして、2000年代に入ると、携帯電話（ケータイ）、インターネットを利用した電子メール、スマートフォン（スマホ）へと発展します。こうした各種メディアは、大人のみならず子どもの暮らしを変えていきます。

2）テレビ社会からネット社会へ

　高度成長期の家の中での子どもたちの娯楽は、テレビと漫画週刊誌でした。1960年以降になると、漫画週刊誌の人気漫画は、大手の製菓メーカーをスポンサーとするテレビ・アニメ番組へと移し替えられます（「鉄腕アトム」や「鉄人28号」などのテレビ・アニメがその例です）。そして、スポンサー企業がその番組の合間に流すコマーシャル（CM）は、新製品への子どもたちの購買欲をかきたてます。こうして、大手メーカーとマス・メディア（テレビ）との連携によって「子ども市場」が形成されていきます。それに伴って地域によって違いを見せていた子どもの生活文化は、同一化・画一化されていったのです。

　そもそも「情報化」は経済社会の発展とともに進展するものですが、その発展をさらに促す要因ともなるのです。子どもをも一人前の「消費者」として取り込んでいった大衆消費社会は、テレビというマス・メディアによって成熟し、さらに高次の情報化を促す環境を準備したともいえます。

　こうしたテレビ時代以降の情報化の状況は、子どもの成育環境を変えていきます。かつては開放的で浸透力の強いテレビの情報が、今日ではインターネットの情報が子どもの暮らしを席巻し、学校知識に特別な価値と意味があるという感覚がもてなくなっているといえそうです。N. ポストマンは、大人と子どもの区別のない映像メディアの情報が、大人と子どもの境界を侵食し、大人になることへの憧れや辛抱して学びの技術を習得する喜びなどを子どもから奪ったといい、子ども期（純粋無垢な子ども像）が消えたとまでいいました（ポストマン

2001）。

　では、子どもたちの学びの風景は変わったのでしょうか。学校化社会の学校対子どもの関係は大きく変わったとはいえません。とはいえ、次の変化は注目しておく必要があるでしょう。例えば、深谷昌志が 1979 年と 2014 年に小学 6 年生を対象に実施した調査によれば、中学生活の見通しでは、「勉強する時間が増える」と回答した者が 1979 年は 88.0％ だったものが 2014 年では 76.4％ に減っています。また、大学進学は「何とかなりそう」と考える者は 1979 年の 55.1％ から 2014 年の 77.5％ へと大幅に増えています（深谷　2015：28, 32）。つまり、子どもたちは、大学教育が大衆化してきている学歴社会の現実を直感的に見抜いているのです。

3）高度情報化社会の暮らしの空間

　「高度」情報化社会と呼ばれる 80 年代後半以降、上述のようにさまざまなメディアが登場します。子どもとメディアとの関係で見れば、1980 年代後半のファミコンの登場、2000 年代のケータイの浸透、2010 年代のスマホの普及と、ここ 30 年間で子どもの暮らしを変えるきっかけとなる出来事が 3 度ありました。先の深谷の小学 6 年生を対象にした調査によれば、1979 年から 2014 年の間にテレビの視聴時間が大幅に減少し、テレビ離れが進行しています。深谷は、これまで小学高学年生のテレビ視聴時間は 2 時間半前後というのが常識だったものが、2014 年には子どものテレビ視聴時間の平均は 1 時間半にとどまっている点に注目しています（深谷　2015：11）。つまり、いまや子どもたちは、テレビに替わるメディアに向かっているのです。

　2014 年の文科省の調査（「平成 26 年度全国学力・学習状況調査」）においても、ほとんどの小中学生がテレビゲーム（コンピュータゲーム、スマートフォンを使ったゲーム）で遊んでおり、その時間が増加傾向にあること、そして、今やケータイさらにはスマートフォン（スマホ）でインターネットをし、SNS の繋がりの中でやり取りする児童生徒が数多く見られること（1 日 1 時間以上行っている小学生が 15％、中学生は 48％ に上ること）が報告されています。

藤田は、高度成長期の子どもの遊び空間を「家の中」として説明しました。情報化社会のそれは、テレビに接続するような初期のテレビゲームの段階では、未だ高度成長期と変わらなかったでしょう。しかし、その後、それは「子ども部屋（の中）」に表徴されるような状況に変化したといえそうです。

　子ども部屋は、日本においては（開放度の高い）「勉強部屋」として高度成長期以降に一般化し、1980年代には約8割の家庭に普及したと言われています。しかし、小川信子らが1980年に東京都内の小学5・6年生を対象とした調査では、子どもが子ども部屋で過ごす時間は平均64分（家庭で過ごす4分の1）に過ぎず、子どもの生活拠点は未だテレビのある居間や茶の間、寝室となっています（天野ら　2015：81）。つまり、家の中での子どもは、これらの拠点と子ども部屋を行き来しながら、勉強し、遊び、テレビを視たりして過ごしていたわけで、その所在は一定せず流動的です。

　それが、情報化の進展の中で、子どものテレビ離れが進行し、家の中での子どもの動きは孤室としての子ども部屋へと拠点を移しているかに見えます。そしてさらにスマホ時代ともいえる現在、子どもたちは特定の場所にこだわることなく、いかなるところでも一人の時空間を見出し、そこで、一人でゲームをし、SNSで友達とコミュニケーションを図ろうとします。なお、ここでの繋がりの友達は、毎日学校で顔をあわせるクラスメートだけに限られません。週に1回しか会わない習い事のいわゆるメル友も含まれます。こうした子どもの日常の風景が描かれるのが現在なのです。子どもたちは、時と場所にかかわりなく、何時でも何処でも、例えば塾の行き帰りの電車の中でも、遊びの場に変えてしまいます。スマホなどのツールがそれを可能にしているのです。つまり、子どもたちは、親の教育的な眼差し（監視）を尻目に、スマホを片手に情報ネットワークに包摂された生活空間を自由に生きているのです（そこにさまざまな問題が内包されているとしても）。

引用参考文献
・天野正子・石谷二郎・木村涼子（2015）『モノと子どもの昭和史』平凡社

- 門脇厚司（1992）『子供と若者の〈異界〉』東洋館出版社
- 木村元（2015）『学校の戦後史』岩波書店
- 髙橋勝・下山田裕彦編著（1995）『子どもの〈暮らし〉の社会史』川島書店
- 樋口恵子（1993）『サザエさんからいじわるばあさんへ』ドメス出版
- 広田照幸（1999）『日本人のしつけは衰退したか―「教育する家族」のゆくえ―』講談社
- 深谷昌志（2015）「調査レポート・子どもの中の幸福感と未来像」『児童心理〈特別号〉』1000号、金子書房：2-50
- 藤田英典（1991）『子ども・学校・社会―「豊かさ」のアイロニーの中で―』東京大学出版会
- 藤田英典（2007）「学校化・情報化と人間形成空間の変容―分節型社縁社会からクロスオーバー型趣味縁社会へ―」北田暁大・大多和直樹編著『リーディングス日本の教育と社会⑩ 子どもとニューメディア』日本図書センター
- ポストマン, N.著、小柴一訳（2001）『子どもはもういない』新樹社

16

現在の子どもに欠落しているもの
―社会力をどう育むか　門脇厚司氏に聞く

聞き手　釜賀 雅史　安井 克彦

　今日、児童虐待や引きこもりの増加、子どもを育む家庭に影を落とす不透明な経済情勢など、これらを乗り越え、子どもの健全な成長を支援するために私たちに課せられた使命はまだまだ山積しているといえます。
　そこで、現在(いま)の子どもをもっと理解し、教育活動に生かしていくために、茨城県美浦村教育委員会教育長（筑波大学名誉教授）の門脇厚司先生をお招きし、提唱されている「社会力」の重要性についてお話を伺いました。テーマは「現在(いま)の子どもに欠落しているもの―社会力をどう育むか」です。

◆釜賀
　本日のテーマは、「現在(いま)の子どもに欠落しているもの―社会力をどう育むか」です。先生は、「社会力」という言葉の産みの親であり、その重要性を長年にわたり説いていらっしゃいますが、まず「社会力」という言葉の誕生のきっかけからお教えください。

◆門脇
　「社会力」の前に私が使い始めたのが「他者の喪失」という言葉でした。ちょうど1980年頃です。「他者の喪失」とは、平たく言えば自分以外の人間への理解がほとんど無い状態。他の人に対するイメージがズッポリ抜け、関心とか理解がほとんど無くなっている状態です。裏返せば、関心があるのは自分だけ、非常に自己中心的な状態です。
　それからもう一つ、「現実の喪失」という言葉も使っていました。現実というのは、我々が普段生活している社会のこと。生活の舞台である社会がどのよう

なところなのか、人々、特に若者の間に実社会のイメージが無くなってきているのではないか、と考えたのです。「現実の喪失」はバーチャルリアリティの世界にとらわれてしまっているといってもいいでしょう。テレビやゲームの世界の方にリアリティを感じてしまうのです。

この「他者」と「現実」の喪失という事態が進んでいる、子どもたちに変化が生じていると私が感じ、これらのことを言い始めたのが1980年頃でした。ちょうど70年代半ばから校内暴力等で学校が荒れてきた時期です。少年非行や犯罪件数が戦後3番目のピークともなりました。なぜこういうことになってしまったのかと私なりに分析したときに、結論として出したのが、「他者」と「現実」の喪失ということでした。

これらのことを岩波新書としてまとめようと原稿を書き始めたのですが、当初は『子どもの社会性』というタイトルを考えていました。しかし書き進めているうちに、「今自分がイメージしているのは、一般的に言われている社会性とはどうも違うな」と思い始めました。ほかの人に対する関心や愛着、信頼感というものが抜け落ちるというのは「社会性が無くなる」ということでもいえるが、どうも違う。そこで、これは新しい言葉を作った方がいいと考え、「社会力」という言葉にしたのです。

人が人とつながって、社会をつくっていく力。もっと詳しくいえば、自分が勉強して学んだ知識や、頑張って身につけた理論や技術を、ほかの人のために、社会のために進んで使おうと考え実行できる力です。「使え」と言われてやるのではなく、自ら進んで自分の知識や技能を世のために役立てるような人間をきちんと育てる。ほかの人と協力して新しい社会をつくっていける力を育てるというのが教育の主たる目的ではないか。そう考え、まとめたのが『子どもの社会力』でした。

他者への関心が全く無くなっているとしたら、関心を他の人にきちんと向けるようにすることを教育の根幹に据えないと大変なことになります。社会というのは、人と人の関係がしっかりかみ合って初めて成立します。それが砂みたいにバラバラだったら、社会は完全に崩壊する。人が人とつながって社会をつ

くるのが大前提だからです。

◆釜賀

　この『子どもの社会力』、授業で紹介するだけではなく、実際に学生たちに読ませました。あとがきの話からで恐縮ですが、非常に面白いエピソードを載せていらっしゃいますね。同僚の先生の最終講義を聴かれた時の話ですが、電車のシルバーシートにまつわる内容でした。電車のシルバーシートでよく寝たふりをしている若者がいる。そんな姿を見て大人は「最近の若いモンは社会性がない！」と言うが、実は社会性があるから寝たふりができるんだ、と。つまり高齢者や障害者しか座ってはならないことを知っていて、席を譲らなければならないことも知っている。だけど席を譲るのは嫌だ。ならば寝たふりをして、本来座るべき人がいることに気づかないふりをしようと頭を働かせた。これだけの考えを頭の中で巡らすことができるのは、相当に社会性がある、というお話でした。

　社会の中でどううまくやっていくか、という適応という点からすると、彼は社会性があって適応している。しかし適応ではなく、人と人とのつながりの中で社会をどのようにつくっていくのか、その関係性をどのように新たにつくっていくのかという部分では、それができない若者が多い。そういう意味で社会力という言葉を考えた、とも書かれていました。

◆門脇

　社会性というのは「今ある社会に適応する」という意味で心理学者が使っている言葉です。教育の目標としても「社会性を育てる」という言い方でよく使われてきました。

　確かに今ある社会が成熟していて大変立派な社会で、直す必要もないパーフェクトな社会だったら、そこへ適応させるというのは人間形成のあり方として望ましいことでしょう。しかし、果たして今の社会はそんなに素晴らしいでしょうか？　厳しいかもしれませんが、私はダメ社会のオンパレードだと思います。ダメ社会に適応させるような教育を本当にしてよいのか、ということなのです。

社会の中でうまくやっていく術に長けている人を育てるのではなく、逆に世の中のダメなところを変える力をもつ人を育てること。これが教育の目的であるべきです。

◆釜賀

この社会性と社会力の違い、教育の目的とすべきところについては、学生たちも皆納得していました。

ところで、社会力というものがどのように培われるのか、『子どもの社会力』の中でも重要な部分として展開されていますが、先生は乳幼児期の段階からどのように意識して育てていくべきだとお考えでしょうか？

◆門脇

40年ほど前から、世界各地の新生児研究者たちがさまざまな実験を行って確かめたことがあります。近年の新生児研究の進歩は目覚ましく、生まれて1週間程度の赤ちゃん、いや、わずか数日、数時間しかたっていない赤ちゃんにも、高度な能力が備わっていることが、さまざまな実験によって次々と発見されました。

概要をお話しすると、生まれた赤ちゃんは近眼的ですが、自分の周りのものはすべて見えています。音についても、何かのモノから出ている音なのか、それともヒトの言葉なのかを全部聞き分けています。発音も正確に聞き分けています。そして最も興味深いのが、生まれたばかりの赤ちゃんは、まず大人を探しているということが突き止められたことです。

探し当てた大人と、社会学の専門用語で言えばインタラクション、行為の交換をするのです。要するにお付き合いをするというか、大人に何らかの働きかけをすれば、それに対するリアクションが還ってくる。そういうやりとり、行為の交換をすることによって、ほかの人に対する関心を高めていく。こういうことが明らかになってきました。

つまり、ヒトの子はどの子も生まれながらにして、大人とかかわるための必要な高度な能力を備えていると結論づけるしかない結果が実験から得られたのです。ヒトの子がそのような能力を生まれながらにもっていることがわかった

ら、生まれてきた赤ちゃんに父親や母親だけでなく、周りの大人たちがきちんとかかわるということさえしていれば、私が社会力のおおもとと考えている「他の人への関心」をしっかり向けるはずです。関心を向ければ、当然いろいろな誘い掛けもします。一緒に遊ぼうと、近寄って肩をたたいたりだとか、頬をなでたりするようなことをする。大人はそれをうっとうしいと思うのでなく、きちんと対応することさえしていれば、人間に対する愛着も他の人に対する愛着もどんどん高まっていきます。愛着が高まれば、いろいろなことを一緒に色んなことを行うことにつながり、一緒に行いながら、この人とだったらどんなことでもチャレンジしたくなるという他者への信頼感が生まれます。他者への関心・愛着・信頼感、一連のこういう性向が育まれることが社会力を育て高めることになるのです。

　社会力のおおもとがきちんと育っていれば、成長とともに他者と出会う機会が多くなるわけですから、自分からその人に寄っていき良い関係をつくることになる。このように社会力がどんどん強化されていくということが理屈としてはっきりしています。ところが、NHKの調査などでは、生まれて3か月ぐらいの赤ちゃんが3時間もテレビを見ているとか、4か月になったらそれがさらに増えるという結果です。何が言いたいかというと、最近は生きた生身の人間との直接的な接触が、生まれて一番早い段階から断ち切られているという憂慮すべき環境が増えているということです。これでは「他者の喪失」が進まざるをえません。そこで、私は「他の人に関心を向けなくなる」ことが社会力を育てる上で一番良くないと言い続けているのです。

◆釜賀

　そうですね、私も1960年代後半から70年、80年と、特に高度経済成長後期以降の社会の変化と密接に関係があるのだと思います。

　先生の本の中で、都市化にまつわる部分で無機質化という言葉を使われていました。ここを読んで、都会で育った子と田舎で育った子の違いについて、自分の原体験を含めて共感した学生がいました。それと核家族化というのもよく言われることですね。子どもが置かれている環境、人的環境と同時に物理的な

空間変化が、社会力を育てるという点から考えると、どうも良くない感じになってきている。

◆門脇

　日本の一世帯当たりの人数は、高度経済成長が始まる前の1955年頃までは平均5人でした。明治の初め頃からこの数はずっと変わっていません。しかし今は3人を切るところまで減っています。地域社会で近所との付き合いも少なくなっています。人と人が直接触れ合うような場面が無くなってきたところに、テレビをはじめメディア機器がどっと入ってきたことによって、ますます他人（ひと）と接触する機会が少なくなってきているのが今日の状況といえるでしょう。

　最近は、他の人と一緒に食事をするのが苦痛だという学生も多いようです。学校によっては食堂に仕切りを付けた、などという話も聞きます。「便所飯」という言葉もあるようで、トイレの中に弁当やパンを持ちこん食べている学生がいるそうです。それだけ人間嫌い、他人と接するのが怖いという感性をもつ人がどんどん増えているのです。

　それと最近は児童虐待がどんどん増えている。虐待の相談件数は23年前から調べ始めていますが、最初の年はわずか1,100件ぐらいでした。それが、去年の統計だと7万件ほどになっています。このわずか20年ほどで70倍です。今の若い親たちの中には、自分で生んだ子どもでさえ可愛くないという感性になってしまっている人がいるのです。

　話は変わりますが、日本人は「ひと」という言葉をよく使います。「ひとのふんどしで相撲を取る」「ひとの振り見て我が振り直せ」「ひと手を借りる」「ひと目をしのぶ」等々です。辞書を引くと「ひと」が入った言葉がズラリと並んでいます。この場合の「ひと」はすべてその実態は「他の人」のことです。要するに、日本人は「他人」と書いて、わざわざ「たにん」とは言ってこなかったのです。こういう例を見てもすぐにわかりますが、日本人にとっての「ひと」は、人間一般や人類全般のことではなく、「他人（ひと）」「他者」のことなのです。ここがものすごく大事なところで、「他者の喪失」が進んで、他の人、すな

わち「他人(ひと)」をイメージしなくなってきてしまった。これは日本人にとって、また日本文化にとって、ものすごく大きな変化といえます。

関連して、もう一つ重要な例をあげれば、日本人は、自分のことをどのように呼ぶか、いわゆる日本語の自称詞のことですが、自称詞が相手によってコロコロ変わります。相手が誰かによって、例えば、僕、私、自分、オレ、先生、おじさん、などなど。これは日本語に特有のことです。英語だったら、相手が自分の奥さんだろうが、子供だろうが、大統領だろうが、自分のことは「I(アイ)」だけです。フランス語だったら「Je(ジュ)」、ドイツ語だったら「Ich(イッヒ)」。同じく相手が誰であろうと変わりません。このことからわかることは、日本人は相手が誰であるかによって自分を規定するのです。「あなたあっての私です」という意識が当たり前だったのです。それだけ自分の周りにいる他者の存在を意識していたということです。自分より先に他者を意識していたということです。しかし、最近では他の人を気にして日常生活を送るという感覚が希薄になってきています。電車の中で化粧を平気でするとか、誰が何をしようと「カンケーネー」ということで無視する。こういうことはその典型的な表れですよね。

◆釜賀

昔からの日本人のあり方すべてが良かったわけではないでしょうが、そういう環境というのは、やはり外国では見られない日本人の良いところであったのかもしれないですね。

◆門脇

話は大きくなりますが、今後の人類社会にとって、人類が生き延びていくためには「他者と競わない」「他者と仲良くする」ということが非常に重要になるはずです。これからは、他の人と良い関係をつくるということが最も重要なことになるとすれば、さっき言ったような日本語や日本人の特性みたいなものを、むしろもっともっと世界に広めなければならないと思います。

グローバリゼーションなどといって、英語を小学校3年生からやるなんて、私に言わせたらバカげています。むしろ世界に日本語を教えるというようなことを積極的にしないと、人類の将来が本当に危ないのではないかとさえ考えて

います。

　私が尊敬している慶應義塾大学名誉教授の鈴木孝夫先生は、30数年前からこのことを言い続けています。もっと外国人に日本語を教える。日本文化を広めることが人類の存続のために重要だと。私もまさにそうだと思います。

◆釜賀

　社会力とは何か、それが欠落した現代の状況がどのようなものなのか、これまでの話でおおよそ理解することができました。では、社会力を培って涵養していくという環境づくりや働きかけというものは、具体的にどういう試みがあるのかということになってきます。

　私が、面白いと思ったものに長野県の児童教育連絡会議設置要綱があります。長野県が出しているパンフレットなんですが、通常の市町村だったら「0歳児からの子育てのために」と書くところが、「子育ちのために」となっている。よく見ると、それに門脇先生も係っていらっしゃることがわかりました。こうした地域での試みが増えています。先生も本の中でいくつか紹介されていますが、具体的な実例をお教えください。

◆門脇

　「大人が直接子どもとかかわる」ということが、社会力を育て強化していくための最も重大なポイントです。ですから、そういう機会や、そういう時間をできるだけ多くして、できるだけ早い時期からしっかり実行していくことが一番大切なことです。

　私が筑波学院大の学長になったときも、大学生ということで年齢は高めではありましたが、そこで行ったことは、つくば市で活動している大人たちと一緒になって、とにかく汗を流すということ。つくば市の発展のためになるようなことや、つくば市民の役に立つようなことを地域の大人たちと一緒になってやってもらう、そのことを必修の授業にすることで学生の社会力を育てることにしました。そのために「社会力コーディネーター」を3人ほど採用しました。

　ほかにも社会力を育てる取り組みがさまざまな場所でなされていますが、幼稚園児だろうが、小学生だろうが、中学生だろうが、いろいろな成長段階に合

わせて、どういう形でそれを仕掛けていくかが大事です。小学生や中学生で頑張っているのは、私の「社会力を育てる」という本でも紹介した山形県の戸沢村でしょうか。人口5,000人ぐらいの小さな村ですが、全国で戸沢村だけ常勤の「学社融合主事」という人を置いています。学校教育と社会教育を融合させるという役割で、教育長が学校の先生を指名し、任期3年でこの仕事をお願いします。内容は、地域の大人たちと小学生・中学生を、村のあちこちで交流する場面をつくるというもの。そのための人材発掘も含め、いろいろな仕掛けをあちこちでつくっています。それが戸沢村の子どもたちの社会力を育てるということに、ものすごく貢献しているのです。

そこに目をつけたのが山形大学の地域教育文化学部です。戸沢村にも山大の先生の研究室を置き、学生を戸沢村に連れていって村の子どもたちと交流させるということをやっています。子どもにとって大学生は大人であるし、将来教師になる大学生にとっても子どもたちと接することで非常に良い効果を挙げています。長野県の信州大学の教育学部も「you遊活動」をやることで、学生と子どもたちの社会力を高めることを20年前からやっています。

また、現在私は茨城県の美浦村で教育長を務めていますが、教育長になってすぐ、新しい教育プランを立ち上げたときに教育施策の根幹に据えたのが「0歳から90歳までの社会力育て」です。社会力の欠如が子どもだけでなく、大人も危うい状態になっている現状なのでこうしました。大人が社会力を高められなかったら、子どもの社会力を高めることには結びつかない。そのためにできることはどんどんやりましょうということです。目下、そのためにいろいろなことをやっているところです。

具体的な企画としては、美浦村が霞ヶ浦に半島のように出っ張っているというロケーションを生かし「霞ヶ浦80kmウオーキング」を行う計画もあります。霞ヶ浦を一周すると80kmなのですが、村の子どもたち全員が卒業までに一周するというものです。そうなると、その準備と実行には大勢の大人たちにかかわってもらわないとできないわけで、80kmだと2kmぐらいの間隔でポイント

を置かねばなりません。計40ヵ所になります。そこに4、5人の大人が張り付いて子どもの面倒を見なければなりません。ということは、その日一日だけでも200人ぐらいの大人たちに協力してもらわないとできません。大人たちがそういうことを喜んでやるような村にしたいと思っています。やるとなったら、準備をはじめとして何から何まで大変です。でも「ああいうことができたから今度はこういうことをやろう」と、喜んで次々にチャレンジしてくれるような村になれたらいいと思っています。こういうことをやることが子どもの社会力を育て、結果として、大人の社会力もどんどん高まっていくと考えています。

◆安井

戸沢村での具体例として、「もらい風呂」というのもあったようですね。私の子どものころは自宅に風呂がありませんでしたから、懐かしく面白い試みだなと思いました。

公民館に寝泊まりして、そこから学校に行く。公民館に風呂がないから、その近所にもらい風呂に行く。おのずとそこで地域住民との会話が生まれることになりますね。

◆釜賀

今のお話を聴いていると、子どもの社会力を培うには、地域がそれなりの環境を整えなければいけないということもいえますが、逆に子どもの活動を軸として、地域社会をつくり上げる起爆剤となっているとも思いました。相互喚起があって面白いですね。

子どもの社会力はどういう環境が育むかということですが、今となっては環境自体がおかしくなっている面もある。おかしくなっている社会をつくりかえる何らかの働きかけを、子どもがキーマンとなってやるという実態があるということですね。

◆門脇

美浦村には中学校が一つしかありません。昔はご多分にもれず校内が荒れていました。しかし今は乱暴な振る舞いなどは全く無くなりました。今はむしろボランティア活動に子どもの方から積極的に動き出すようになっています。先

日も幼稚園で運動会があったときに、中学生10人ぐらいが準備や片付けを行い、非常に熱心に活動してくれました。村のさまざまな祭りの時も、中学生が4, 50人、ゴミ拾いのボランテイアをするのが当たり前になっています。

◆安井

　私も吉良町の教育長を務めていたときに、小学校の運動会は幼稚園から老人会の種目まで全部入れて、地域ぐるみでやらなければいけないと言ってきました。中学生が小学校の運動会で放送係や器具係をやるなど、そういうボランテイアで非常に良い関係を築くことができるはず。このような交流だけは絶やしてはいけないと常々言っていたのを思い出しました。

◆釜賀

　日本の社会全体がおかしくなってきているのは行政側もわかっていて、今「地域の再生」という言葉でいろいろな仕掛けを行っています。ただ、先生は本の中で「地域はあってもコミュニティなし」と表現されました。地域の再生とは言うものの、実は形式的で、本当の人と人とのつながりを考えた意味でのコミュニティづくりにつながっていない、ということをあえておっしゃっているのかな、というようにも受け取りました。

◆安井

　私も同じように感じました。教育長時代に一つの中学校区で5つのコミュニティに分けたことがあります。良い環境になっていたと自分では思っていましたが、やはり皆さんにどんどん参加してもらって初めてコミュニティというものが機能する。そこまで見届けなければいけません。

◆門脇

　おっしゃるとおり、コミュニティというものは人と人とのつながりがあって初めて機能します。私の考えているコミュニティとは目に見えるものではなく、そこに住む住民一人一人の心の中にある志向というか、その志向に基づく活動の継続ですね。住民がその地域に愛着を感じ、ずっと住んでいたいと考えるから少しでもそこを良くしようと思う。その改善意欲でさまざまな活動に加わり、活動を続けていく。この状態になって初めてコミュニティがあるとみな

すことができます。

　コミュニティとかコミュニケーションとか、本当はそんな英語を使わなくてもよい状態になるのが理想ですね。もっとすべて、社会力という言葉で説明できればよいのですが。

◆安井

　それから先生の言葉の中に「ノーテレビ、ノーゲーム」というものもありました。私も10年ほど前、教育長のときに「毎週水曜日の夜はノーテレビ、ノーゲーム」ということで行っていました。これはなかなか評判が良かったようです。

◆門脇

　どんな形でもいいから、朝起きたらテレビをつける習慣をやめるとか、週一回は見ないようにするとか、どんな形でもいいからとにかくやってみなさいと言ってきました。テレビを消すだけでもいろいろなことができます。家族の会話が増える、自分から進んで勉強を始める、お母さんの家事を手伝う、お父さんの日曜大工を手伝う、兄弟で遊びに行くとか、良いことがどんどん増えます。テレビを消すだけでもこんな変化が起きる、というのを親自身が自分の目で確かめることができることがポイントです。

　今、美浦村で実際にやっていますが、子どもたちの成績にも跳ね返ってきています。特に「点数上げなさい」などと言ってはいないのですが、今までテレビを見ていたのが、やめて自分から宿題をやるようになったとか、本を読むようになったとか、いい変化が起きますから、当然成績がよくなるという結果がついてきます。美浦村では「学力向上路線から離脱します」と堂々と宣言しています。点取りのためだけの勉強などする必要ないと、先生方にもはっきり言っています。

◆釜賀

　今、学力という話が出てきましたが、学力と社会力という点で考えると、先生の『社会力を育てる』の中でアメリカの社会学者、パットナムのことを書かれていましたね。パットナムが提唱する概念「ソーシャル・キャピタル」と、

先生のおっしゃる社会力というものは相通じるものがあると。パットナムのいうソーシャル・キャピタルの前提というか、その基本、コアとなるところを先生は社会力とおっしゃっている。そこのところを指摘されていますが、まさにその通りだと私も思いました。

　ここの部分を読むと、社会力が培われているところでは成績がよい、よく勉強しているということでした。

◆門脇

　ソーシャル・キャピタルは「社会関係資本」と訳され使われています。そこに住む人々の間の良い人間関係のことを指しますが、パットナム教授は地域における人間関係のネットワークが濃密なところほど、社会関係資本が高い、社会関係資本の高い地域では成績もいいし非行も少ない、という結果をデータによって出しています。しかし、私がそこで指摘したのは、地域の人的ネットワークが濃密であるということは、その地域の一人一人に社会力があるということでしょう。

　地域の人的ネットワークを濃密にしなさいと言っても、誰に呼び掛けたらそれができるかといったら、呼び掛ける対象は住民しかない。住民一人一人に、あなたの社会力を高めなさいと言うしかない。住民の社会力が高ければ、おのずと結果として地域の人的ネットワークが高まり、濃密になるということです。

◆釜賀

　地域の問題やコミュニティというキーワードが出てくると、必ずパットナムの「ソーシャル・キャピタル」が持ち出されてきましたが、その核の部分は社会力だったということが今回よくわかりました。

◆門脇

　そうですね、私も「ソーシャルキャピタル」などという外国の借り物ではなく、私の言う「社会力」という言葉でズバリ言ってほしいと言ってきたのですが、日本人はどういうわけか外国の先生の言うことの方をありがたく思う気持ちがまだまだ強いようですね。

私は「社会力診断テスト」というものを作って、いろいろなところで調査をしてきましたが、そこでも良い結果が出ています。診断テストでまず、社会力がある子どもか、無い子どもか、その中間ぐらいかの３つほどに分けます。その中で、学習意欲があるか、授業の理解度がどれだけあるか、地域活動にどれだけ参加しているか、地域のためになることをやる気はあるか、といった調査結果との関係を調べました。その結果、どれを見ても社会力のある子どもはダントツに自己評価が高い。学習意欲も高い、授業の理解度も高い、地域への参加意欲もあるし、実際に参加している場面も多いし、地域への貢献意識も高い。当然その延長として成績そのものもいい。だから社会力を高めれば、いろいろと良い結果がついてきますよ、といろんなところでお話ししているのです。

　社会力が高いということは、極めて高い能力を備えていることに等しいことなのです。脳科学の理論を踏まえた論文も書いていますが、社会力なんてたいしたことではないと思っていたら、とんでもない間違いです。さまざまな人たちと適切に社会関係を取り結ぶことができるということは極めて高度な能力が必要なのです。この人は今何を考えているか、あの人は今何をやりたがっているのか、といった頭の中や心の中の状態は決して目に見えるものではありません。辛いのか、切ないのか、嬉しいのか、悲しいのかは、目ではわかりません。けれど、社会力の高い人はそれを正確に、的確に言い当てることができる、推測することができる。こういうことができるということはとんでもない高度な能力があるということです。

　脳科学者の茂木健一郎さんも言っています。テーマが決まっていて話をするのは割としやすい。しかし、例えば食事をしながら雑談をするような、何がテーマなのかわからないような話、即興でどういう言葉を返すか自分で決めなければならないような話ができる能力は、とんでもなく高度な能力だ、と言っています。まさに私もそう思います。

　こういう意味では、海外に行くと私も自分の能力の乏しさを痛感させられることがあります。外国の学会に参加すると、終了後に外国人たちは寝るまで酒を飲みながら雑談することが多い。会議のときは議題も決まっているから、大

体こういう筋で話をするというのはあらかじめ予測できますが、食事をしながらの雑談が一番つらい。英語がペラペラ話せるわけではありませんから、予測不能のテーマに対応し切れないのです。

　だから社会力のない子どもたち、非行に走る子どもたちというのは、それがつらい。みんなと雑談をしながら食事を楽しむこともつらいと思う。パンを買ってトイレで一人食べる状況になってしまう。その結果、不登校にもなるし、卒業して仕事するようになれば職場の人間関係が辛いと職場放棄になり、引きこもるということにもつながります。

　厚生労働省が、引きこもりの相談件数をもとにして、その人数を推測していますが、少なくとも20代、30代の引きこもりが少なく見積もっても100万人はいるそうです。しかし、これには暗数があるわけです。ウチの子どもが部屋から出てこなくなって1年にもなるからそろそろ出てくるのでは、と考えるのが親心。こういう親は相談には行きません。ですからそういう数も含めると、社会力がなく引きこもっている人の数は、厚労省の発表数の2倍はいるはずです。

◆安井

　私たちは不登校として捉えてしまいますが、それは学校という枠組みでの話であって、社会力がないと卒業してからも社会に出られないまま、ということになりかねません。

◆門脇

　千葉県に引きこもりの若者を支援する「NPO法人ニュースタート」がありますが、ここもまさに社会力を育てるしかない、とはっきり言っています。法人の代表の二神さんも社会力を育てるためにさまざまな仕掛けを作って、浦安を拠点に頑張っています。

　その地域の特性、学校の特性、それぞれの特性を生かしながら、大人と子どもが直接かかわりをもつ。できれば同じ目標をもって、一緒に力を合わせてそれを達成する。こういうような場面をつくるというのが、やはり社会力を強化する一番よい方法なのだと思います。

◆釜賀

　例えば小学校なら小学校で、学校での具体的な実践となると、いわゆる総合的な学習の時間等で行うことになるのかもしれませんが、時間と場の確保も学校ごとの工夫が求められているということなのでしょう。

◆門脇

　昨年から美浦村の小学校が始めたのは「キッズカンパニー」という文字通り子どもたちの架空の会社づくりです。6年生20人ぐらいが社長以下全員が社員となって一つの会社をつくり、第6次産業に挑戦するというものです。

　具体的な内容ですが、さつまいもを植えて収穫し（1次）、それを原料にして商品化し（2次）、その商品を売る（3次）。これを村の商工会青年部が協力するのです。子どもたちに、さつまいもを原料にどういう商品開発をしたいのかをプレゼンテーションさせます。そのためにはいくらお金が必要か申告させて、青年部が1万円から2万円程度を融資する。プレゼンのときは、それはもう子どもたち真剣です。青年部もいろいろと質問し、やりとりをしながら融資を決めます。

　融資されたお金を使って商品開発するときには、今度は食生活改善委員のお母さんたちが協力します。そして商品ができ上がったら、村祭りや学校の感謝祭などで販売する。チラシを作って広報誌に入れたりもします。販売後は売上から融資を返し、儲けから1割程度を村に税金として納める。そういうことを1年かけてやっています。

　1年間かけて行う取り組みですから大人とのやりとりの機会がふんだんにあるのが、この授業の良いところ。まさに社会力を育てるための総合学習です。

　こういうことが工夫すればできるのです。青年部が子どものために社長や営業部長といった名刺も用意してくれます。良い意味で青年部も面白がってやってくれている。お互いにWin-Winの関係が築けている。やはり誰かにおんぶに抱っこではダメで、お互いに面白みを見いだしてやり合い、お互いにとって良い点がある形が長続きしますよね。

　そしてもう一つ。今度は大学での取り組みですが、信州大学の教育学部では、

これからは地域に貢献できる先生を育てようと、10年ぐらい前から方針をシフトしています。これからは教室で良い授業をすればいい教師だという時代ではない。地域に出て貢献できる人。地域に貢献できるということは、地域の人たちといい関係をつくるということ。地域の人たちといい関係をつくることができる資質や能力をもたないと、これからは良い先生とはいえないということで取り組み始め20年になります。

　もともと私の大学の後輩の土井進先生が「遊Youサタデー」という取り組みを始めたという下地がありました。キャンパスに子どもたちに入ってきてもらい、学生たちがその面倒を見るということを毎週土曜日に行っていました。そして次は逆に学生たちが地域に出ていって、そこで子どもたちと接し、さらには大人たちとも接する。地域の大人や子どもたちと一緒に、畑を耕したり、イベントをしたり、モノづくりをしたり、そういうことを20年も前から取り組んでいたのです。

◆釜賀

　今の信州大のお話も、大学生の大学における社会力養成とともに、そのことが同時に地域の子どもたちの社会力を涵養させることにもつながっているということですね。

◆門脇

　先ほども申しましたがWin-Winの関係です。大人も含めて社会力が高まらないことには、子どもの社会力だけ高めるというのは難しい。美浦村では今、幼稚園から中学校まで12年間一貫して社会力を育てるカリキュラムを具体化しようと取り組んでいます。美浦村の教育長になって5年。まだまだやることが多いと考えています。

◆釜賀・安井

　先生、本日は豊富な事例とともにお話しいただき、誠にありがとうございました。

（インタビューは2014年10月）

索　引

あ行

ICD-10　150
アウトリーチ　44
アスペルガー症候群　155
遊び　16, 61
暗示性　171
安全　19
安全保障　18
家の中　202
生きる力　129, 147
伊澤修二　40
いじめの構造　191
いじめのサイン　190
いじめの実態　185
いじめの対応策　192
いじめの態様　188
いじめの定義　185
1年生　73
一体感　22
逸脱児　20
インターネット　185
梅本堯夫　29
衛生　19
衛生管理　18
ADHD（注意欠如多動性障害）　146, 149
ASD（自閉症スペクトラム）　149
SNS　206
LD（学習障がい）　149
大河内君いじめ自殺事件　183
音環境　27
音の記憶　27, 28
オノマトペ　29
オープン質問　167, 168, 171, 172
音韻意識　154

か行

開発的・予防的生徒指導　194, 195
核家族化　199, 212
葛藤　83
ガードナー，H.　33
環境　15
期待される人間像　200
基底線　48
基本的信頼関係　8
救急　109
救急処置　115
急性疾患　101
急病　109
QOL　102
教育家族　201
共感性　57
共振　62
教則本　41
拠点性　17
近赤外線スペクトロスコピー（NIRS：ニルス）　146
ケア　4, 85
健康相談　118
現実の喪失　208
好発年齢　100
合理的配慮　152
五感　25, 34, 37
呼吸　64
心の背骨　134
子育て　94
古典的健康教育　125
こどもの救急　110
『子どもの社会力』　209
子ども部屋（の中）　206

225

コミュニケーション　57

さ行
錯画期　48
参加型学習　132
自己尊重感　131
仕事と子育て　85
自己有能感　133
自信　81
疾病管理　115
児童労働　198
司法面接　161, 164, 165, 167, 168, 170, 171
社会性　209
ジャック＝ダルクローズ，É.　36
集団　19
　──の輪　20
自由報告　165, 166
主体性　15
生涯学習　45
小学校　73
情緒の安定　17
情報化　203
神経教育学　144
神経行動教育学　143
神経行動療法　144
身体　57
身体発育曲線　105
シンボル　22
心理社会能力　129
スクリーニング　102
図式期　48
生活習慣　143
『生徒指導提要』　185, 194
生命の保持　17
セルフエスティーム　130
前図式期　48
ソーシャル・キャピタル　219

た行
大衆消費社会　199
胎内音　25
多機関連携　169, 170
竹馬の遊び　80
確かな力をつける　79
他者の喪失　208
達成感　82
多様性　69
地域の教育力　197
チゼック，F.　46
注意　134
注意制御能力　134
注意トレーニング　144
DSM-5　150
ディスレクシア　154
デュルケム　201
テレビゲーム　205
展開図描法　48
同期行動　32
登下校中　76
頭足人　48
同調　21, 60
道路　202
都市化　212

な行
喃語 (babbling)　30
入学準備　76
認知件数 (いじめ)　186, 187
ネットいじめ　189
ノリ　19

は行
場　68
ハーグリーブス，D. J.　34
バスティン・ピアノメソード　42

発達　19
発達障がい　149
母親　85
原っぱ　202
被暗示性　163, 164
微細運動　18
人・物・場　16
不慮の事故　98
ヘルスカウンセリング　112
保健管理　114
保健教育　117
保健室経営　119
保健組織活動　119
保護者　74, 85
母子健康手帳　104
ポストマン，N.　204

ま行
マインドフルネス　144
正高信男　30
マザリーズ　30

慢性疾患　101
慢性的疲労　143
命名期　48

や行
ヤマハ音楽教育システム　41
山本鼎　50
（養護教諭）5つの職務　114
養護実習　121
養護と教育の一体性　17
幼稚園の卒園　74
幼保小接続　74

ら行
ライフスキル　128, 129
リード，H.　47
臨床実習　120
レントゲン図法　48
ローウェンフェルド，V.　47
路地裏　202

執筆者一覧

杉浦　康夫	名古屋学芸大学学長（監修者）	
吉葉　研司	名古屋学芸大学ヒューマンケア学部子どもケア学科教授（第1章）	
渡辺　桜	名古屋学芸大学ヒューマンケア学部子どもケア学科教授（第2章）	
藤井　正子	名古屋学芸大学ヒューマンケア学部子どもケア学科教授（第3章）	
鷹羽　綾子	名古屋学芸大学ヒューマンケア学部子どもケア学科助教（コラム）	
水谷　誠孝※	名古屋学芸大学ヒューマンケア学部子どもケア学科講師（第4章）	
林　麗子	名古屋学芸大学ヒューマンケア学部子どもケア学科准教授（第5章）	
想厨子伸子	名古屋学芸大学ヒューマンケア学部子どもケア学科准教授（第6章）	
西村　美佳	名古屋学芸大学ヒューマンケア学部子どもケア学科准教授（第7章）	
都築　一夫	名古屋学芸大学ヒューマンケア学部子どもケア学科教授（第8章）	
森　英子	名古屋学芸大学ヒューマンケア学部子どもケア学科教授（第9章）	
近森けいこ	名古屋学芸大学ヒューマンケア学部子どもケア学科教授（第10章）	
今井　正司	名古屋学芸大学ヒューマンケア学部子どもケア学科准教授（第11章）	
大島　光代	名古屋学芸大学ヒューマンケア学部子どもケア学科准教授（第12章）	
赤嶺　亜紀	名古屋学芸大学ヒューマンケア学部子どもケア学科教授（第13章・コラム）	
安井　克彦	前名古屋学芸大学　教職課程教授（第14章）	
細溝　典彦	名古屋学芸大学　教職課程教授（第14章）	
釜賀　雅史	名古屋学芸大学ヒューマンケア学部子どもケア学科教授（第15章）	
門脇　厚司	茨城県つくば市教育長・筑波大学名誉教授（第16章）	

※表紙、各パートの扉のイラストも担当

［監修者紹介］

杉浦　康夫（すぎうら　やすお）

1971年名古屋大学医学部卒業、1975年同大大学院医学研究科博士課程満了（医学博士）。米国ノースカロライナ大学医学部客員助教授、福島県立医科大学教授、名古屋大学医学部教授を経て、名古屋大学医学部長・医学系研究科長、副総長を歴任。2010年から3年間、愛知県心身障害者コロニー総長を務める。2013年、名古屋学芸大学教授。副学長を経て、2016年から学長。現在に至る。

子どもの育ちとケアを考える

2019年4月1日　第一版第一刷発行

監　修　杉浦　康夫
編　者　名古屋学芸大学ヒューマンケア学部

発行者　田　中　千津子
発行所　株式会社　学文社

〒153-0064　東京都目黒区下目黒3-6-1
電話　03（3715）1501（代）
FAX 03（3715）2012
http://www.gakubunsha.com

印刷　新灯印刷

© NUAS School of Human Care Studies 2019
乱丁・落丁の場合は本社でお取替えします。Printed in Japan
定価は売上カード，カバーに表示。

ISBN 978-4-7620-2884-7